Ainash Khaliullinovna Davletova
Akmaral Khamzievna Kasymova
Bakhyt Zhaparovich Sharipov

Formação de professores à distância para a utilização de ferramentas e tecnologias multimédia

Ainash Khaliullinovna Davletova
Akmaral Khamzievna Kasymova
Bakhyt Zhaparovich Sharipov

Formação de professores à distância para a utilização de ferramentas e tecnologias multimédia

ScienciaScripts

Imprint

Cover image: www.ingimage.com

This book is a translation from the original published under ISBN 978-620-2-07284-7.

Publisher:
Sciencia Scripts
is a trademark of
Dodo Books Indian Ocean Ltd. and OmniScriptum S.R.L publishing group

120 High Road, East Finchley, London, N2 9ED, United Kingdom
Str. Armeneasca 28/1, office 1, Chisinau MD-2012, Republic of Moldova, Europe
Printed at: see last page
ISBN: 978-620-7-79678-6

Índice

Introdução 2

Capítulo 1. 4

Capítulo 2. 14

Capítulo 3. 23

Capítulo 4. 38

Capítulo 5. 46

Conclusão 66

Literatura 67

Introdução

O presente manual metódico está orientado para a preparação dos professores para uma utilização razoável e eficaz das ferramentas e tecnologias multimédia no ensino à distância de professores, estudantes de pós-graduação e estudantes de graduação.

Aborda as especificidades da aplicação dos multimédia nos principais tipos de actividades educativas. A utilização do manual metodológico permitirá aos professores conhecer as principais ferramentas multimédia técnicas e de software e a sua classificação, as tecnologias de criação de recursos hipermédia educativos, o sistema de recursos multimédia e os métodos utilizados no ensino à distância para professores, bem como as abordagens para determinar a qualidade dos recursos multimédia. O conteúdo da publicação inclui requisitos para os professores que desenvolvem e utilizam recursos multimédia.

A utilização efectiva dos meios modernos das tecnologias da informação e da comunicação no ensino secundário geral é impossível sem uma formação e reciclagem adequadas dos professores, dos licenciados e dos estudantes.

Por muito bem equipadas que estejam as escolas com equipamento informático, acesso a sistemas de telecomunicações globais, publicações e recursos electrónicos modernos, o efeito prático da utilização de todas estas inovações será mínimo sem os conhecimentos, as competências e a motivação adequados dos professores.

Uma das direcções do desenvolvimento profissional dos professores deveria ser a sua familiarização com os recursos e tecnologias da informação mais difundidos e eficazes do ponto de vista da sua utilização na educação. Entre esses recursos e tecnologias, um dos mais importantes é o multimédia.

O desenvolvimento da indústria de serviços de informação do sector da educação, incluindo a produção e a publicação de materiais multimédia educativos e metodológicos para professores, juntamente com a criação e o desenvolvimento de estruturas de telecomunicações de instituições de ensino individuais e da indústria como um todo, constitui a base para a formação da infraestrutura de informatização da educação.

Os professores devem dominar a multifacetação do conceito de multimédia e a especificidade da aplicação pedagógica do multimédia em todas as suas acepções, nomeadamente como uma tecnologia que descreve a ordem de desenvolvimento, funcionamento e aplicação de ferramentas de processamento de informação de diferentes tipos, produtos criados com base na tecnologia multimédia, software informático multimédia, hardware informático, um tipo especial generalizado de informação que combina informação de diferentes tipos.

O conteúdo do manual metodológico inclui secções dedicadas às particularidades da organização de um diálogo entre uma pessoa e um recurso multimédia, áreas e cenários pedagógicos da aplicação do multimédia no ensino secundário geral, aspectos do aumento da motivação dos alunos para a aprendizagem quando utilizam o multimédia na escola.

O conteúdo do manual baseia-se nos trabalhos de cientistas russos famosos - *Grigoriev Sergey Georgievich - Doutor em* Ciências Técnicas, Professor *e Grinshkun Vadim Valerievich* - Doutor em Ciências Pedagógicas, Professor, que deram um grande contributo para o desenvolvimento dos fundamentos dos recursos e da tecnologia multimédia [1,2].

Capítulo 1.

Características teóricas e práticas dos recursos multimédia

§ 1.1 O conceito de multimédia. Múltiplos significados do conceito de "multimédia". Peculiaridades da utilização dos multimédia

No hardware, existe uma família especial de ferramentas cuja caraterística é a capacidade de processar e apresentar informações de vários tipos, que são relativamente novas em termos do desenvolvimento da tecnologia informática. Com efeito, nos últimos anos, os dispositivos de gravação e reprodução de imagens sonoras, fotográficas e de vídeo foram incluídos entre essas ferramentas, que foram designadas por ferramentas multimédia. Se, num futuro próximo, os dispositivos de tratamento digital dos odores estiverem disponíveis e generalizados, estes dispositivos serão igualmente incluídos na família dos multimédia.

O multimédia (multi, media) é um rico arsenal de formas de ilustrar o fenómeno em estudo. Os produtos multimédia utilizam muitos tipos diferentes de informação: dados informáticos, informação televisiva e vídeo, discurso e música. Esta combinação leva à utilização de uma variedade de dispositivos técnicos de registo e reprodução da informação, permitindo o controlo desde um computador até um aparelho de televisão,

videogravador, sistema de áudio de alta fidelidade, leitor de discos compactos (OD), gravador de cassetes e instrumentos musicais electrónicos. As ferramentas multimédia são intrinsecamente interactivas, o que significa que o espetador e o ouvinte dos produtos multimédia não permanecem passivos. Os multimédia melhoram a aprendizagem e prendem a atenção do aprendente. Se anteriormente um filme a preto e branco desgastado "Acções da população em condições de alarme químico" apresentado nas aulas de defesa civil era o limite dos sonhos, os meios técnicos modernos permitem criar auxiliares de formação muito mais espectaculares sob a forma de animação por computador ou mesmo de um jogo.

É impossível compreender as especificidades das ferramentas multimédia sem conhecer os tipos de informação e as formas da sua apresentação, que é o objeto da informática. Detenhamo-nos apenas nos principais aspectos da classificação da informação, que são importantes para o estudo das particularidades da utilização dos multimédia no ensino secundário geral.

Há vários critérios segundo os quais a informação pode ser classificada. Como primeiro critério, pode ser utilizado o princípio generalizado da distinção dos tipos de perceção humana da informação, como a visão, a audição, o olfato, o tato e o paladar. Do ponto de vista do estudo da informatização da educação, é razoável considerar apenas os tipos de impacto da informação sobre uma pessoa, que são possíveis quando se trabalha com equipamento informático e de comunicação. Assim, todas as informações por tipos de perceção podem ser divididas em três grupos principais:

1. Informação percepcionada pela visão humana, dita *visual ou informação visual,* incluindo texto, imagens gráficas e desenhos, fotografias, desenhos animados, vídeos;
2. Informação percepcionada pelo aparelho auditivo humano, a chamada *informação*

sonora, que inclui ruídos arbitrários, peças musicais e fala;

3. Informação percebida pelo sistema sensorial humano, a chamada *informação sensorial ou tátil,* quando se trabalha com meios técnicos especiais.

Todos os tipos de informação acima referidos podem também ser classificados de acordo com outros critérios. Um deles é a forma como uma pessoa percepciona a informação. A este respeito, toda a informação recebida pelo aprendente pode ser dividida em informação associativa e direta.

Definimos *informação associativa* como informação cuja perceção se baseia em associações que surgem numa pessoa sob a influência de informação previamente aprendida. Com esta abordagem de classificação, este tipo de informação pode incluir texto, discurso e, eventualmente, desenhos e banda desenhada. A título de exemplo, pode ser dada uma descrição textual ou verbal de uma planta, com a qual as crianças em idade escolar estão familiarizadas durante o estudo da botânica. Neste caso, a leitura do texto ou a audição do discurso do professor leva a que a informação seja associada às ideias que os alunos já têm sobre as plantas. É importante ter em conta que a leitura de um texto ou a audição de um discurso não conduzirá à mesma perceção de uma planta por todos os alunos. Cada aluno visualizará a planta que está a ser estudada de uma forma diferente.

A informação direta transmite diretamente as propriedades dos objectos que são importantes, também em termos de objectivos de aprendizagem. Este tipo de informação pode incluir fotografias, filmes de vídeo, som arbitrário, chamado ruído em ciência. Considera-se que uma das características distintivas essenciais das ferramentas multimédia é a capacidade de apresentar e processar informação direta. Por exemplo, a utilização de multimédia no estudo das plantas no curso de botânica permite aos alunos ver a planta em estudo e os processos que ocorrem com ela, ouvir possíveis sons, o que permite formar imagens mais correctas que melhor correspondem aos objectos e processos reais com que uma pessoa lida na vida.

Assim, o conceito de multimédia, em geral, e de ferramentas multimédia, em particular, por um lado, está intimamente relacionado com o tratamento informático e a apresentação de diferentes tipos de informação e, por outro lado, é a base do funcionamento das ferramentas multimédia que influenciam significativamente a eficácia do ensino secundário geral. A disponibilidade e a introdução de ferramentas multimédia na escola de massas contribuem para o aparecimento de programas informáticos adequados e respectivos conteúdos, para o desenvolvimento de novos métodos de ensino e de tecnologias de informatização da atividade profissional dos professores.

Por exemplo, o aparecimento e a penetração de ferramentas multimédia que permitem armazenar, tratar e reproduzir filmes vídeo no sistema geral do ensino secundário levou à criação de programas informáticos utilizados no ensino que contêm fragmentos de filmes vídeo apresentados aos alunos. Isto, por sua vez, deu origem a novos cenários metodológicos de aulas em que os alunos que trabalham com computadores dedicam parte do seu tempo a ver fragmentos de vídeo que são importantes do ponto de vista dos objectivos de aprendizagem. Obviamente, os materiais de vídeo utilizados no ensino mudaram qualitativamente, incluindo através da utilização de ferramentas multimédia adequadas. É importante perceber que, tal como muitas outras palavras na língua, a palavra "multimédia" tem vários significados diferentes.

O multimédia é:

- tecnologia que descreve o processo de desenvolvimento, funcionamento e aplicação de ferramentas de processamento de informação de diferentes tipos;
- um recurso de informação criado com base em tecnologias de tratamento e apresentação de informações de diferentes tipos;
- software informático cujo funcionamento está associado ao tratamento e à apresentação de informações de vários tipos;
- hardware informático que permite trabalhar com diferentes tipos de informação;
- um tipo especial e generalizado de informação que combina informação visual estática tradicional (texto, gráficos) e informação dinâmica de diferentes tipos (discurso, música, fragmentos de vídeo, animação, etc.).

Todas estas interpretações serão utilizadas e discutidas no conteúdo deste manual de formação.

Assim, em sentido lato, o termo **"multimédia"** refere-se a um conjunto de tecnologias da informação que utilizam várias ferramentas de software e hardware para influenciar da forma mais eficaz o utilizador (que se torna leitor, ouvinte e espetador ao mesmo tempo).

Devido à aplicação do multimédia nos meios de informatização através do impacto simultâneo de informação gráfica, áudio, foto e vídeo, estes meios têm uma grande carga emocional e estão ativamente incluídos na indústria do entretenimento, na prática do trabalho de várias instituições, no lazer doméstico.

O aparecimento dos sistemas multimédia revolucionou numerosos domínios da atividade humana. Uma das áreas mais amplas de aplicação da tecnologia multimédia é o campo da educação, porque os meios de informatização baseados em multimédia podem, em alguns casos, aumentar significativamente a eficácia da aprendizagem. Foi estabelecido experimentalmente que, no caso de apresentação oral de material, um aluno por minuto percebe e é capaz de processar até mil unidades convencionais de informação e, com a "ligação" dos órgãos visuais, até 100 mil dessas unidades.

As ferramentas e tecnologias multimédia oferecem uma oportunidade para intensificar a aprendizagem e aumentar a motivação para a aprendizagem através da utilização de formas modernas de processamento de informação audiovisual, tais como:

- "manipular" (sobrepor, deslocar) a informação visual;
- contaminação (mistura) de diferentes informações audiovisuais;
- realização de efeitos de animação;
- deformação da informação visual (aumento ou diminuição de um determinado

parâmetro linear, alongamento ou compressão de uma imagem);

- apresentação discreta da informação audiovisual;
- tonificação da imagem;
- Fixação de uma parte selecionada de uma informação visual para posterior deslocação ou exame "à lupa";
- apresentação multi-janela de informação audiovisual num ecrã com a possibilidade de ativar qualquer parte do ecrã (por exemplo, numa "janela" um filme de vídeo, noutra - texto);
- demonstração de processos e acontecimentos reais em tempo real (filme vídeo).

Existem vários conceitos relacionados com o multimédia e a utilização de ferramentas multimédia relevantes no ensino secundário geral. Em particular, o papel das ilustrações aumenta significativamente quando se utiliza multimédia no ensino escolar.

Existem duas interpretações principais do termo "ilustração".

Ilustração (illustration) é:

- introduzir no texto informações explicativas ou complementares de outro tipo (imagens e som);
- dar exemplos (possivelmente sem utilizar outros tipos de informação) para tornar a explicação clara e convincente.

É importante compreender que ambas as interpretações do termo ilustração são igualmente relevantes tanto para os manuais escolares e materiais didácticos convencionais em papel como para as modernas ferramentas multimédia de informatização da educação. Além disso, a necessidade de ilustração leva ao facto de que, atualmente, todos os meios de informatização da educação devem ser utilizados para explicar os pontos principais, fundamentais ou mais complexos do material educativo de forma clara, convincente e acessível. Os multimédia contribuem para isso.

Nas ferramentas multimédia, as ilustrações podem ser apresentadas sob a forma de exemplos (incluindo texto), imagens gráficas bidimensionais e tridimensionais (desenhos, fotografias, esquemas, gráficos, diagramas), fragmentos de som, animação, fragmentos de vídeo.

O aparecimento de novos tipos de ilustrações nos suportes multimédia educativos não significa necessariamente uma rejeição total das abordagens anteriores utilizadas na publicação de manuais escolares tradicionais em papel. Foi acumulada uma experiência considerável no domínio da ilustração e da conceção poligráfica dos manuais tradicionais, segundo a qual se determinam as particularidades do agrupamento espacial dos elementos da publicação, se procede à acentuação (destaque visual) de elementos separados, se têm em conta os aspectos fisiológicos da perceção e outros factores. Esta experiência é aplicada com êxito no desenvolvimento de ferramentas multimédia modernas concebidas para o ensino secundário geral.

O multimédia é uma tecnologia educativa eficaz devido às suas qualidades inerentes de interatividade, flexibilidade e integração de diferentes tipos de informação educativa, bem como devido à capacidade de ter em conta as características individuais dos alunos e contribuir para aumentar a sua motivação.

A interatividade das ferramentas multimédia significa que os utilizadores, geralmente professores e alunos, têm a oportunidade de interagir ativamente com estas ferramentas. Interatividade significa que existem condições para um diálogo de aprendizagem em que a ferramenta multimédia é um dos participantes.

A interatividade é uma das vantagens mais significativas das ferramentas multimédia. A interatividade permite um certo controlo sobre a apresentação da informação: os formandos podem alterar individualmente as definições, examinar os resultados e responder às perguntas do programa sobre as preferências específicas do utilizador. Os aprendentes podem definir a velocidade de apresentação, o número de repetições e outros parâmetros para se adaptarem às suas necessidades individuais. Isto permite-nos concluir que a tecnologia multimédia é flexível.

As tecnologias multimédia permitem integrar muitos tipos de informação de uma forma significativa e harmoniosa. Permitem-lhe utilizar um computador para apresentar informações sob várias formas, tais como:

- imagens, incluindo fotografias digitalizadas, desenhos, mapas e diapositivos;
- gravações de voz, efeitos sonoros e música;
- vídeo, efeitos de vídeo complexos;
- Animação e simulação de animação.

Os multimédia podem ser utilizados no contexto de uma grande variedade de estilos de aprendizagem e percepcionados por uma grande variedade de pessoas: alguns preferem aprender através da leitura, outros através da audição, outros através da visualização de vídeos, etc.

§ 1.2 Utilização de ferramentas multimédia no ensino como componente da informatização da educação

A utilização de multimédia permite que os alunos trabalhem com materiais educativos de diferentes formas - uma pessoa decide como estudar os materiais, como aplicar as possibilidades interactivas das ferramentas de informatização e como implementar o trabalho conjunto com os colegas. Assim, os alunos tornam-se participantes activos no processo educativo.

Ao trabalhar com ferramentas multimédia, os alunos podem influenciar o seu próprio processo de aprendizagem, ajustando-o às suas capacidades e preferências individuais. Aprendem exatamente o material que lhes interessa, repetem o estudo tantas vezes quantas as necessárias, o que contribui para uma perceção mais correcta.

Assim, a utilização de ferramentas multimédia de qualidade pode tornar o processo de aprendizagem flexível em relação às diferenças sociais e culturais entre os aprendentes, aos seus estilos e ritmos individuais de aprendizagem e aos seus interesses.

A utilização de multimédia pode ter um impacto positivo em vários aspectos do processo de aprendizagem.

Os multimédia facilitam:

- Estimular os aspectos cognitivos da aprendizagem, como a perceção e a consciência da informação;
- Aumentar a motivação dos alunos;
- desenvolver as competências de trabalho cooperativo e de conhecimento coletivo dos alunos;
- desenvolver uma abordagem mais profunda da aprendizagem por parte dos alunos e, consequentemente, gerar uma compreensão mais profunda do material que está a ser aprendido.

As ferramentas multimédia podem ser utilizadas para melhorar a aprendizagem, tanto em áreas temáticas específicas como em disciplinas na intersecção de várias áreas temáticas.

A eficácia do sistema geral de ensino secundário é também grandemente influenciada pelo ambiente em que decorre o processo de aprendizagem. Isto inclui a estrutura do processo de aprendizagem, as suas condições e acessibilidade (sociedade, bibliotecas, centros de recursos multimédia, laboratórios de informática, etc.).

Nestas circunstâncias, o multimédia pode ser utilizado como um dos muitos ambientes de aprendizagem possíveis. Este tipo de ambiente é aplicável em numerosos projectos educativos em que os alunos reflectem sobre a área temática em estudo e dialogam com os seus pares e professores, discutindo os progressos e os resultados da sua aprendizagem.

Assim, o desenvolvimento de ferramentas multimédia modernas permite implementar tecnologias educativas a um nível fundamentalmente novo, utilizando para o efeito as inovações técnicas mais progressivas que permitem fornecer e processar informações de vários tipos. Uma das ferramentas multimédia mais modernas que penetram na esfera do ensino secundário geral são vários instrumentos e ferramentas de modelização, cujo funcionamento se baseia em tecnologias denominadas "realidade virtual".

Os objectos ou processos virtuais incluem modelos electrónicos de objectos ou processos reais e imaginários. O adjetivo virtual é utilizado para realçar as características dos análogos electrónicos de objectos educativos e outros apresentados em papel e noutros suportes tangíveis. Além disso, esta caraterística significa a presença de uma interface baseada em tecnologias multimédia, simulando as propriedades do espaço real quando se trabalha com modelos electrónicos analógicos.

A realidade virtual é um meio multimédia que fornece informação sonora, visual, tátil e de outro tipo e cria a ilusão de entrada e presença do utilizador num espaço virtual volumétrico, deslocando o utilizador relativamente aos objectos desse espaço em tempo real.

Os sistemas de realidade virtual proporcionam um contacto humano direto "cara a cara" com o ambiente. Nos sistemas mais avançados, o utilizador pode tocar num objeto que existe apenas na memória do computador, usando uma luva cheia de sensores. Noutros casos, é possível "virar" o objeto apresentado no ecrã e examiná-lo do lado oposto. O utilizador pode "entrar" no espaço virtual, munido de um "fato de informação", de uma "luva de informação", de "óculos de informação" (óculos-monitores) e de outros dispositivos. A utilização de tais ferramentas multimédia na escola altera o mecanismo de perceção e compreensão da informação recebida. Quando se trabalha com sistemas de "realidade virtual" no ensino secundário geral, verifica-se uma mudança qualitativa na perceção da informação. Neste caso, a perceção é efectuada não só com a ajuda da visão e da audição, mas também com a ajuda do tato e até do olfato. Surgem os pré-requisitos para a implementação do princípio didático da aprendizagem visual a um nível fundamentalmente novo.

É promissora a utilização desta tecnologia multimédia no ensino escolar para o desenvolvimento de conceitos espaciais, para a organização da formação dos alunos em condições o mais próximas possível da realidade real.

O pensamento sobre a informação fornecida pelos sistemas de "realidade virtual" pode ser não só teórico, mas também prático, nomeadamente, visual e figurativo ou visual e de ação. O pensamento prático exige menos esforço do que o pensamento teórico, a perceção da informação figurativa é geralmente mais fácil do que a perceção da informação simbólica. Por conseguinte, as ferramentas multimédia construídas com recurso à tecnologia de realidade virtual são capazes de proporcionar uma melhor compreensão e assimilação do material educativo no processo de aprendizagem. No entanto, é importante compreender que quanto mais elevado for o nível dos sistemas de realidade virtual, mais trabalho deve ser investido na sua criação e mais perfeitos devem ser os meios técnicos de informatização à disposição dos professores e dos alunos.

§ 1.3 Vantagens e desvantagens da utilização dos multimédia no ensino e na aprendizagem

As tecnologias multimédia penetram cada vez mais em várias esferas da atividade educativa. Esta penetração é facilitada tanto por factores externos relacionados com a informatização generalizada da sociedade e a necessidade de uma formação adequada dos alunos, como por factores internos relacionados com a disseminação de hardware e software informáticos modernos nas instituições de ensino geral, a adoção de programas estatais e interestaduais de informatização do ensino e o aparecimento da necessária experiência de informatização num número crescente de professores. Na maioria dos casos, a utilização de ferramentas multimédia tem um impacto positivo na intensificação do trabalho dos professores e na eficácia da aprendizagem dos alunos.

Ao mesmo tempo, qualquer professor experiente confirmará que, no contexto dos efeitos frequentemente positivos da introdução das tecnologias da informação, em muitos casos a utilização de ferramentas multimédia não tem qualquer efeito na melhoria da eficácia da aprendizagem e, em alguns casos, essa utilização tem um efeito negativo. É óbvio que a solução para os problemas da informatização adequada e justificada da educação deve ser efectuada de forma abrangente e universal.

Os professores devem considerar duas direcções possíveis para a introdução de ferramentas multimédia no processo de ensino. A primeira está relacionada com o facto de essas ferramentas serem incluídas no processo educativo como ferramentas de "apoio" no âmbito dos métodos tradicionais do sistema de ensino escolar historicamente estabelecido. Neste caso, os recursos multimédia funcionam como um meio de intensificação do processo de aprendizagem, de individualização da aprendizagem e de automatização parcial do trabalho de rotina dos professores relacionado com o registo, a medição e a avaliação dos conhecimentos dos alunos.

A introdução de recursos multimédia no âmbito da segunda direção conduz a mudanças no conteúdo do ensino, à revisão dos métodos e formas de organização do processo de aprendizagem na escola, à construção de cursos holísticos baseados na utilização do conteúdo dos recursos em disciplinas académicas individuais. Neste caso, os conhecimentos, as competências e as capacidades são considerados não como um objetivo, mas como um meio de desenvolvimento pessoal dos alunos. A utilização de tecnologias multimédia será justificada e conduzirá a um aumento da eficácia do ensino se essa utilização corresponder às necessidades específicas do sistema geral do ensino secundário, se for impossível ou difícil ensinar na íntegra sem a utilização de meios adequados de informatização. Obviamente, qualquer professor deve familiarizar-se com vários grupos dessas necessidades, definidas tanto em relação ao próprio processo de aprendizagem como a outras esferas da atividade dos professores.

O primeiro grupo inclui necessidades relacionadas com a formação de certos sistemas de conhecimento nos alunos. Estas necessidades surgem quando se familiarizam os alunos com os conteúdos de várias disciplinas ao mesmo tempo, quando se realizam aulas de carácter interdisciplinar. Além disso, surgem quando se estudam elementos do mundo micro e macro, bem como quando é necessário estudar uma série de conceitos, teorias e leis que não encontram a necessária fundamentação experimental no ensino escolar tradicional (estudo da ausência de peso, introdução ao conceito de infinito).

O segundo grupo de necessidades é determinado pela necessidade de os alunos dominarem as competências de reprodução. As necessidades deste grupo surgem em situações relacionadas com os cálculos (redução do tempo, verificação e tratamento dos resultados). Simultaneamente, as necessidades do segundo grupo surgem na prática de competências típicas de cada disciplina (determinação do valor de divisão dos instrumentos de medida em física, compilação de isómeros com base no esqueleto carbónico em química) e na formação de competências gerais de aprendizagem (lógicas gerais - sistematização e classificação, análise e síntese, reflexivas - capacidade de planear uma experiência, recolher e analisar informações).

O terceiro grupo de necessidades é determinado pela necessidade de formar capacidades criativas nos alunos (o principal sinal de criatividade é a novidade do produto obtido). Estas necessidades surgem quando se resolvem problemas de otimização em que se escolhe uma - a mais racional de um certo ponto de vista - de entre um certo número de variantes possíveis, quando se resolvem problemas de escolha da solução mais económica ou da variante mais óptima do processo (encontrar a solução óptima não só matematicamente, mas também graficamente). As necessidades deste grupo surgem quando se colocam e resolvem problemas para testar hipóteses, quando é necessário desenvolver competências criativas construtivas e combinatórias (utilizando construtores digitais que permitem montar um todo a partir de partes, modelando objectos e processos). Além disso, podemos também incluir as necessidades decorrentes da necessidade de modelar processos ou sequências de acontecimentos, o que permite ao aluno tirar conclusões sobre os factores que influenciam os processos ou acontecimentos. Finalmente, o terceiro grupo inclui as necessidades decorrentes de uma experiência laboratorial que requer instrumentos que não estão disponíveis numa determinada instituição de ensino ou durante um período de tempo muito longo (curto). Uma experiência laboratorial deste tipo pode ser efectuada como parte de uma medição pedagógica e pode também exigir a utilização de tecnologias de informação e de telecomunicações adequadas.

O quarto grupo de necessidades está relacionado com a necessidade de formar certas qualidades pessoais nos alunos. As necessidades referidas no quarto grupo surgem na organização da modelação, que cria oportunidades para a educação moral dos alunos através da resolução de problemas sociais, ambientais e outros (análise de possíveis consequências de acidentes, consequências da utilização de várias tecnologias, permitindo não só ensinar os alunos a evitar esses perigos, mas também desenvolver uma avaliação moral da sua ocorrência no mundo moderno). Além disso, pode surgir a necessidade de utilizar multimédia para formar nos alunos um sentido de responsabilidade em relação aos outros, a si próprios e ao seu próprio corpo.

A par das necessidades acima referidas, para uma utilização justificada e eficaz das tecnologias multimédia é necessário conhecer os principais aspectos positivos e negativos da informatização do ensino e da utilização dos recursos multimédia. É óbvio que o conhecimento desses aspectos ajudará a utilizar os multimédia onde eles apresentam maiores vantagens e a minimizar os possíveis aspectos negativos relacionados com o trabalho dos alunos com os meios modernos de informatização.

São muitos os aspectos positivos da utilização das tecnologias da informação e das telecomunicações na educação (que, naturalmente, incluem o multimédia). Como principais aspectos, podemos destacar:

- melhoria dos métodos e tecnologias de seleção e formação de conteúdos educativos,
- introdução e desenvolvimento de novas disciplinas académicas especializadas e áreas de estudo relacionadas com a informática e as tecnologias da informação,
- alterações nos sistemas de ensino da maioria das disciplinas escolares tradicionais não relacionadas com a informática,
- aumentar a eficiência do ensino escolar através da sua individualização e diferenciação e da utilização de alavancas motivacionais adicionais,
- organizar novas formas de interação no processo de aprendizagem,
- alteração do conteúdo e da natureza das actividades do aluno e do professor,
- Melhoria dos mecanismos de gestão do sistema geral de ensino secundário.

Além disso, as vantagens da utilização dos multimédia no ensino secundário geral incluem

- a utilização simultânea de múltiplos canais de perceção do aluno no processo de aprendizagem, conseguindo assim a integração da informação fornecida por vários sentidos diferentes;
- a capacidade de simular experiências complexas, dispendiosas ou perigosas no mundo real;
- visualização de informações abstractas através da representação dinâmica de processos;
- visualização de objectos e processos de micro e macro-mundos;
- a oportunidade de desenvolver as estruturas cognitivas e as interpretações dos alunos, enquadrando o material a ser ensinado num contexto académico, social e histórico alargado e ligando o material de aprendizagem à interpretação do aluno.

Os aspectos negativos incluem a redução dos contactos sociais, a diminuição da interação social e da comunicação, o individualismo, a dificuldade de transição da forma gestual de representação do conhecimento nas páginas de um manual ou no ecrã para o sistema de acções práticas que têm uma lógica diferente da lógica da organização do sistema gestual. No caso da utilização generalizada das tecnologias multimédia, professores e alunos tornam-se incapazes de tirar partido da grande quantidade de informação fornecida pelos modernos meios multimédia e de telecomunicações. As formas complexas de apresentação da informação distraem os alunos do material que está a ser aprendido.

Convém recordar que, se forem mostrados aos alunos diferentes tipos de informação ao mesmo tempo, estes são distraídos de alguns tipos de informação para seguirem outros, perdendo informação importante, e a utilização de ferramentas de informatização priva frequentemente os alunos da oportunidade de realizarem experiências reais com as suas próprias mãos.

A individualização limita a comunicação em direto entre os professores e os formandos, os alunos entre si, oferecendo-lhes uma comunicação sob a forma de "diálogo com o computador". O aprendente não recebe prática suficiente na comunicação dialógica, na formação e formulação de pensamentos numa língua profissional.

Por último, a utilização excessiva e injustificada das tecnologias informáticas tem um impacto negativo na saúde de todos os participantes no processo educativo.

Os problemas e contradições enumerados mostram que a utilização de recursos multimédia no ensino escolar segundo o princípio "quanto mais, melhor" não pode conduzir a um aumento real da eficácia do sistema geral de ensino secundário. A utilização dos recursos multimédia exige uma abordagem equilibrada e bem fundamentada.

Capítulo 2.

Ferramentas técnicas e de software do multimédia

§ 2.1 Ferramentas técnicas do multimédia. Os meios de telecomunicação como ferramentas multimédia.

As ferramentas multimédia podem ser quase todas as ferramentas que podem trazer diferentes tipos de informação para a aprendizagem e outras actividades educativas. Neste caso, a noção de ferramentas multimédia pode também incluir ferramentas de aprendizagem analógicas ultrapassadas, que se tornaram obsoletas.

No entanto, os computadores e os respectivos equipamentos periféricos são mais frequentemente designados por ferramentas multimédia. No entanto, nesta secção da publicação sobre ensino e aprendizagem, faz sentido enumerar as ferramentas básicas, cuja utilização na escola permite a professores e alunos lidar não só com texto ou imagens, mas também com áudio, vídeo ou outra informação direta.

Ao longo dos anos, vários meios penetraram no ensino escolar, cujo aparecimento elevou a um nível qualitativamente novo o suporte de informação do sistema geral de ensino secundário, que sempre teve um impacto positivo na eficácia da formação de especialistas.

Atualmente, estes meios técnicos podem ser encontrados nas escolas da República do Cazaquistão:

- meios de gravação e de reprodução do som (electrofones, gravadores, leitores de CD),
- sistemas e instalações telefónicas, telegráficas e de radiocomunicações (aparelhos telefónicos, telecopiadoras, teletipos, centrais telefónicas, sistemas de radiocomunicações),
- Sistemas e instalações de difusão de TV e rádio (receptores de TV e rádio, TV e rádio educativos, leitores de VUV),
- equipamentos ópticos e de projeção de filmes e de fotografia (máquinas fotográficas, máquinas de filmar, diaprojectores, projectores de filmes, epidiascópios),
- equipamentos de impressão, de cópia, de duplicação e outros destinados a documentar e a reproduzir informações (rotaprints, fotocopiadoras, risógrafos, sistemas de microfilmagem),
- equipamentos informáticos que permitam a apresentação, o tratamento e o armazenamento eletrónico de informações (computadores, impressoras, scanners, máquinas gráficas),

Sistemas de telecomunicações que asseguram a transmissão de informações através de canais de comunicação (modems, redes de fios, satélites, fibras ópticas, retransmissores de rádio e outros tipos de canais de comunicação concebidos para a transmissão de informações).

Os meios técnicos permitem trazer para as actividades educativas a possibilidade de operar com informações de diferentes tipos, tais como som, texto, imagens fotográficas e vídeo. Estas ferramentas, em alguns casos, são técnica e tecnologicamente sofisticadas e podem ser consideradas como ferramentas multimédia.

O computador, que penetrou no domínio da educação, é um meio universal de tratamento da informação. A universalidade do computador consiste no facto de que, por um lado, só ele é capaz de processar informação de diferentes tipos (informação multimédia), por outro lado, o mesmo computador é capaz de realizar toda uma série de operações com informação do mesmo tipo. Devido a este facto, um computador, juntamente com um conjunto adequado de dispositivos periféricos, é capaz de fornecer todas as funções de ferramentas técnicas de aprendizagem multimédia.

Independentemente da marca, do modelo, da época de criação e da aplicação, todos os computadores pessoais utilizados no ensino escolar partilham características fundamentais, nomeadamente

1. Funcionamento por um único utilizador, quando apenas uma pessoa trabalha com o computador num determinado momento. Tal não exclui a execução simultânea de várias operações de tratamento da informação;

2. Capacidade de processar, armazenar, apresentar e transmitir informações de diferentes tipos, incluindo texto, dados numéricos, imagens gráficas, som e outros (informação multimédia);

3. Comunicação uniforme com o utilizador numa linguagem próxima da comunicação natural;

4. Cooperação com vários dispositivos multimédia de hardware que expandem significativamente as capacidades de um computador pessoal para processar, armazenar, apresentar e transmitir informações de vários tipos;

5. Execução de operações de tratamento da informação sob o controlo de programas informáticos especialmente desenvolvidos para manter o funcionamento de várias funções do sistema do computador e para resolver tarefas aplicadas significativas para a informatização da atividade humana.

As tecnologias multimédia permitem integrar muitos tipos de informação de uma forma significativa e harmoniosa. Permitem-lhe utilizar um computador para apresentar informações sob várias formas, tais como:

- imagens, incluindo fotografias digitalizadas, desenhos, mapas e diapositivos;
- gravações de voz, efeitos sonoros e música;
- vídeo, efeitos de vídeo complexos;
- Animação e simulação de animação.

A informática multimédia e as tecnologias multimédia modernas estão estreitamente relacionadas com o rápido desenvolvimento das telecomunicações informáticas. Praticamente todos os recursos de informação publicados em redes informáticas são ferramentas multimédia. Por outro lado, a maior parte das ferramentas e tecnologias multimédia atualmente em desenvolvimento estão orientadas para funcionar em modos de telecomunicação.

A introdução generalizada das redes de telecomunicações em todas as esferas da vida humana, incluindo o ensino secundário geral, só se tornou possível após o aparecimento da rede mundial de computadores Internet. A Internet baseia-se nas ideias de normalização dos protocolos de transferência de informação, na abertura da arquitetura e na possibilidade de ligação livre de novas redes. Tudo isto, em conjunto, levou à disseminação da Internet em diferentes países do mundo, à utilização desta rede de telecomunicações em várias esferas da atividade humana, incluindo o ensino escolar.

A utilização de redes de telecomunicações na escola, combinada com a utilização de tecnologias e recursos multimédia, abre novas possibilidades, sendo as principais

- aumentar o acesso à informação multimédia pedagógica e metodológica;
- formação das capacidades de comunicação dos alunos, cultura da comunicação, capacidade de pesquisa de informação multimédia;
- organizar uma assistência de aconselhamento rápida;
- aumentar a individualização da aprendizagem, desenvolvendo as bases para uma aprendizagem autónoma;
- realização de sessões de formação virtuais (seminários, conferências) em tempo real;
- organização do ensino à distância;
- organização de projectos de investigação conjuntos;
- Modelação das actividades de investigação;
- Acesso a equipamentos únicos, modelação de objectos, fenómenos ou processos complexos ou perigosos, etc;
- formação de uma comunidade de professores em rede;
- formação de uma comunidade de rede de crianças em idade escolar;
- desenvolver o espírito crítico, a capacidade de procurar e selecionar informações multimédia fiáveis e necessárias.

Talvez as ferramentas multimédia de telecomunicações utilizadas no ensino secundário geral devam ser entendidas como quaisquer meios e ferramentas relacionados com a transmissão de informação multimédia utilizada nas escolas. Com esta abordagem, os instrumentos de telecomunicação utilizados no ensino incluiriam o telefone, a televisão e muitos outros dispositivos de telecomunicação, para além dos computadores e do software. Esta definição tem todo o direito de existir.

Mas, ao mesmo tempo, as possibilidades universais das redes de telecomunicações tornam inoportuna uma maior penetração de todos os meios de informatização acima referidos no ensino secundário geral. Estes meios perdem simplesmente a sua relevância. As redes informáticas de telecomunicações substituem totalmente todos os outros meios de telecomunicação, possuindo toda uma gama de possibilidades adicionais. A este respeito, justifica-se referir apenas os meios informáticos de transmissão de informação multimédia educativa aos meios de telecomunicações utilizados no domínio da educação.

Graças à utilização de meios de telecomunicação, serviços de telecomunicação bem conhecidos, como o correio eletrónico, as teleconferências, o acesso remoto a recursos de informação e outros, penetraram na esfera da educação. Todos eles permitem também trabalhar com informação multimédia e são ferramentas poderosas que alargam o âmbito da utilização dos multimédia na educação dos alunos.

§ 2.2 Ferramentas multimédia especializadas e sua utilização no ensino.

Regra geral, a maioria dos professores e estudantes que, de uma forma ou de outra, estão familiarizados com o material informático, classificam inequivocamente como material multimédia os sistemas acústicos (altifalantes), a placa de som do computador, o microfone, a câmara de vídeo especial do computador e, eventualmente, o joystick. Com efeito, todos estes dispositivos são componentes comuns do equipamento multimédia, são suficientemente fáceis de utilizar, têm uma finalidade bastante clara e não necessitam de uma descrição pormenorizada. As ferramentas multimédia especializadas, cujo principal objetivo é aumentar a eficácia da aprendizagem, podem ter muito mais interesse. Em primeiro lugar, os quadros multimédia interactivos são uma dessas ferramentas modernas.

O conjunto de software e hardware "quadro interativo" é uma ferramenta multimédia moderna que, tendo todas as qualidades de um quadro tradicional, tem possibilidades mais amplas de comentário gráfico das imagens do ecrã; permite controlar e acompanhar o trabalho de todos os alunos da turma ao mesmo tempo; naturalmente (aumentando o fluxo de informação apresentada) para aumentar a carga de aprendizagem dos alunos na sala de aula; para assegurar uma aprendizagem ergonómica; para criar novos pré-requisitos motivacionais para a aprendizagem; para conduzir o processo de aprendizagem. O quadro interativo permite projetar a imagem do ecrã do monitor para o quadro de projeção, bem como controlar o computador com canetas de feltro especiais, estando constantemente perto do quadro, tal como aconteceria com um teclado ou um manipulador de "rato".

O software do quadro interativo utilizado (SMART Board Software) inclui as seguintes ferramentas:

- caderno (SMART Notebook);
- ferramenta de gravação de vídeo (SMART Recorder);

- leitor de vídeo (SMART Video Player);
- ferramentas adicionais (marcador) (Ferramentas flutuantes);
- teclado virtual (SMART Keyboard).

Todas estas ferramentas podem ser utilizadas separadamente ou em combinação, dependendo dos objectivos de aprendizagem a atingir.

O Notebook é um editor gráfico que lhe permite criar documentos com o seu próprio formato e incluir texto, objectos gráficos, tanto criados noutros programas do Windows como com a ajuda de ferramentas correspondentes.

A ferramenta de gravação de vídeo permite-lhe gravar num ficheiro de vídeo (formato AVI) todas as manipulações efectuadas no quadro e depois reproduzi-las com um leitor de vídeo (SMART Player) ou qualquer outro software semelhante. Por exemplo, com um bloco de notas, pode desenhar o gráfico de uma função ou fazer um desenho, e depois demonstrar novamente o processo de desenho executando o ficheiro de vídeo.

As ferramentas adicionais (marcadores) são utilizadas para fazer vários tipos de marcas em todo o ecrã do monitor, independentemente da aplicação que está a ser utilizada. Todas as marcas feitas pelo professor, por exemplo, numa apresentação em Power Point, podem ser guardadas.

O teclado virtual é utilizado para controlar o computador quando o professor está diretamente perto do quadro, ou seja, duplica o teclado normal do computador.

Uma caraterística importante do quadro interativo é a sua "ausência de dimensão", ou seja, a informação gravada pode ser colocada numa área de tamanho ilimitado e tudo o que é gravado no quadro pode ser armazenado indefinidamente. Toda a informação apresentada no quadro pode ser utilizada ao longo da aula. O professor ou o aluno podem regressar à informação anterior em qualquer altura. Além disso, todas as informações da aula atual podem ser utilizadas nas aulas seguintes sem necessidade de preparação adicional.

Ao contrário do quadro tradicional, o quadro interativo dispõe de mais ferramentas para comentar graficamente as imagens do ecrã, o que permite aumentar a qualidade da imagem da informação apresentada para acentuar a atenção dos alunos, nomeadamente: mais cores para a caneta, diferentes formas e espessuras da caneta, bem como a possibilidade de definir diferentes cores para o fundo do quadro. O quadro interativo permite poupar tempo durante a aula ao criar vários desenhos, esquemas, diagramas, quadros e gráficos, uma vez que dispõe de um grande número de ferramentas para desenhar figuras geométricas.

Outra caraterística do quadro interativo é a capacidade de guardar a informação nele gravada no formato de um filme de vídeo. Por exemplo, é possível gravar a solução de um problema de forma a que mais tarde se possa ver não um resultado final estático, mas o processo de resolução do problema do princípio ao fim, e a qualquer velocidade.

O quadro interativo pode ser utilizado como um meio eficaz para criar materiais didácticos e pedagógicos: exemplos de resolução de problemas, esquemas, desenhos, gráficos, etc., tanto estáticos como dinâmicos. Todos estes materiais podem ser criados diretamente na aula e, além disso, podem ser utilizados na explicação de novas matérias, durante a repetição e como simuladores para o trabalho individual.

Existem quatro propriedades do quadro interativo que determinam todos os métodos possíveis para a sua utilização:

- espaço ilimitado,

- um conjunto alargado de ferramentas para captar informações e comentar graficamente as imagens do ecrã,

- possibilidade de guardar as informações registadas em formato eletrónico e a sua posterior reprodução ilimitada,

- possibilidade de guardar informações de forma dinâmica (num ficheiro de vídeo).

Vamos ilustrar estas técnicas com o exemplo de uma aula no ensino secundário sob a forma de uma palestra ou de uma conferência. Ao dar uma aula, o professor fixa no quadro os pontos-chave da sua história, como se a estivesse a fazer num quadro normal. Pode ser um exemplo de resolução de problemas, uma breve definição de um conceito, um desenho, um gráfico, etc. Ao mesmo tempo, passa para um novo ecrã (a que chamaremos diapositivo), caso não haja espaço suficiente no quadro. Cada diapositivo pode ser concebido como um módulo logicamente completo. Durante a aula, pode regressar instantaneamente aos diapositivos anteriores para fazer anotações ou alterações adicionais. O número de diapositivos é ilimitado.

Quando o professor escreve no quadro, pode escolher quase todas as cores de caneta, bem como a espessura da caneta, ou seja, cada diapositivo pode ser decorado com cores diferentes e num estilo diferente, ao critério do professor, para maior clareza. O professor pode utilizar na sua história imagens gráficas estáticas previamente preparadas ou retiradas de aulas anteriores, e pode fazer várias marcas que são guardadas na imagem utilizada. Estas marcas podem ser feitas com uma caneta ou um marcador, cujas propriedades (cor, espessura, forma, transparência) podem ser ajustadas. Se o professor utilizar um clip de vídeo na sua aula, tem a possibilidade de anotar a imagem de vídeo com as mesmas ferramentas, em dois modos: sem parar a sequência de vídeo ou em modo de pausa. A possibilidade de guardar a informação gravada em formato eletrónico permite ao professor utilizá-la na aula seguinte durante a repetição ou em futuras aulas de generalização de conhecimentos. Assim, o professor prepara o material didático para as aulas seguintes diretamente na aula.

A informação guardada pode ser dada aos alunos em formato eletrónico ou em papel para trabalho independente na aula ou em casa. A informação guardada sob a forma de videoclip pode ser utilizada na aula como simulador na fase de consolidação de conhecimentos.

Esta forma de guardar material didático pode ser utilizada para criar demonstrações de exemplos de resolução de problemas ou de execução de tarefas (para terminar um desenho, para completar uma figura ou um gráfico, etc.).

§ 2.3 Ferramentas de software para a criação multimédia.

Os professores e os alunos não são os criadores dos recursos multimédia utilizados na educação. Na maioria das vezes, os professores e os alunos actuam como utilizadores dessas ferramentas. No entanto, a prática mostra que, todos os anos, há cada vez mais professores que não conseguem manter-se afastados do desenvolvimento de ferramentas de aprendizagem, mesmo simples, mas electrónicas. A este respeito, é aconselhável que um professor moderno tenha uma ideia tanto das tecnologias de desenvolvimento de recursos multimédia de alta qualidade como das ferramentas de hardware e software - ferramentas para a criação de instrumentos de aprendizagem baseados em computador.

Vários editores HTML são amplamente utilizados para criar muitos recursos multimédia simples. Deve ter-se em conta que a linguagem HTML está a evoluir dinamicamente, pelo que os recursos que cumprem a nova norma de linguagem podem não ser reproduzidos corretamente por versões mais antigas dos navegadores.

Além disso, a utilização de browsers para a navegação impõe outras restrições à natureza da apresentação da informação multimédia educativa.

É de salientar que os sistemas de programação utilizados para criar componentes locais permitem incluir no curso multimédia o acesso a recursos da Internet, integrando a rede e os recursos educativos locais.

Mais especificamente, é de notar que as linguagens e ferramentas seguintes são as mais utilizadas na criação de recursos de hipertexto multimédia e de páginas multimédia para a Internet:

- A linguagem de marcação de hipertexto (HTML) é uma linguagem normalizada utilizada na Internet para criar, formatar e apresentar páginas de informação;

- Java é uma linguagem de programação especializada e orientada para os objectos, semelhante ao C++. Esta linguagem foi desenvolvida especificamente para a utilização de gráficos e animações interactivos nos recursos da Internet. Muitas aplicações prontas a utilizar (applets Java) estão disponíveis na Internet e podem ser descarregadas para o computador do utilizador para utilização posterior na criação dos seus próprios recursos multimédia em rede e fora de rede;

O VRML (Virtual Reality Modeling Language) permite criar e colocar objectos tridimensionais na rede, que criam a ilusão de um objeto real muito mais forte do que simples animações. Estes objectos tridimensionais, dependendo do seu "volume", são normalmente designados por "salas virtuais", "galerias virtuais" e "mundos";

CGI (Common Gateway Interface) não é uma linguagem de programação, mas uma especificação que descreve as regras de recolha de informações e de criação de bases de dados. Os programadores utilizam PERL ou outra linguagem para criar programas CGI que permitem colocar na rede e fornecer o trabalho de "documentos dinâmicos". Assim, por exemplo, os utilizadores encontram esses programas quando preenchem questionários e formulários de feedback, respondem a perguntas de testes, etc. em tempo real nas páginas da Internet.

Os professores e os alunos podem também utilizar outras ferramentas para criar recursos multimédia. Para tal, os educadores devem escolher o programa editor que será utilizado para criar as páginas multimédia. Há uma variedade de ambientes de ferramentas de desenvolvimento multimédia disponíveis para criar aplicações multimédia totalmente funcionais. Pacotes como o Macromedia Diretor ou o Authoware Professional são ferramentas de desenvolvimento altamente profissionais e dispendiosas, enquanto o FrontPage, o mPower 4.0, o HyperStudio 4.0 e o Web Workshop Pro são os seus equivalentes mais simples e baratos. Ferramentas como o PowerPoint e editores de texto (por exemplo, Word) podem também ser utilizadas para criar recursos multimédia simples.

As ferramentas de desenvolvimento listadas são fornecidas com documentação detalhada que é fácil de ler e compreender. Naturalmente, existem muitas outras ferramentas de desenvolvimento que podem ser utilizadas com igual sucesso em vez das acima mencionadas.

As informações multimédia publicadas na Internet podem ser ficheiros informáticos de dimensões bastante grandes. Isto pode dever-se à presença de ferramentas de interatividade, fragmentos de áudio e vídeo, imagens gráficas de alta resolução, etc. Devido à largura de banda insuficiente e à fiabilidade dos canais de comunicação existentes, pode ser difícil a utilização em grande escala destes recursos de informação no processo educativo.

Em alguns casos, os problemas relacionados com a ausência ou a má qualidade das redes de telecomunicações podem ser evitados trabalhando com esses recursos em modo local. No decurso da interação local com um recurso multimédia, os alunos recebem informações não das redes de telecomunicações, mas de fontes da memória interna ou externa do seu próprio computador. Simultaneamente, o conteúdo do recurso informativo e as formas de apresentação da informação nele contida correspondem plenamente aos que se encontram na Internet. Muitas vezes, esses recursos são simplesmente copiados de fontes da rede durante uma sessão de telecomunicações e depois apresentados aos alunos numa versão local.

O volume relativamente grande de informação multimédia fornecido neste caso não permite a utilização dos tradicionais discos magnéticos flexíveis (disquetes) para a sua transferência e armazenamento. Parcialmente, o armazenamento de um conjunto de sítios da Internet pode ser assegurado através da utilização de discos magnéticos rígidos não amovíveis ("unidades de disco rígido"), disponíveis em todos os computadores modernos. No entanto, esta forma de apresentar informação multimédia bloqueia quase completamente a possibilidade de transferir informação de um computador para outro. Os meios mais promissores, do ponto de vista da educação, para armazenar informação multimédia obtida a partir da Internet são os discos compactos laser ópticos (OLC). Graças aos métodos laser de alta tecnologia de gravação e leitura de informação neste suporte, com uma dimensão física relativamente pequena, é possível apresentar qualitativamente uma grande quantidade de informação multimédia.

A utilização do O) como ferramenta de aprendizagem pode trazer os seguintes benefícios fundamentais para o processo de aprendizagem da escola:

- fornecer aos alunos informações multimédia tradicionalmente disponíveis nos suportes de telecomunicações, tendo em conta a sua estrutura e as especificidades de visualização;
- proporcionar novas oportunidades para os aprendentes adquirirem uma compreensão profunda do conteúdo do curso e das suas inter-relações, formar competências e aptidões, memorizar e auto-monitorizar os conhecimentos;
- compensação pelo tempo insuficiente dedicado pelo professor ao trabalho individual com o aluno e, em certos casos, pelo profissionalismo insuficiente do professor;
- implementação do impacto multimédia integrado com feedback;
- Assegurar o autocontrolo dentro de um limite de tempo;

Elevada mobilidade, portabilidade e replicabilidade do material de informação multimédia utilizado no processo educativo.

As questões do desenvolvimento de recursos multimédia para o ensino secundário geral são multidimensionais e não são simples. As peculiaridades técnicas e tecnológicas de tais desenvolvimentos são consideradas em literatura especial. As principais questões de conteúdo e os problemas ergonómicos relacionados com a criação de recursos multimédia serão parcialmente discutidos noutras subsecções do presente manual.

Capítulo 3.

Recursos multimédia de informação

§ 3.1 Recursos multimédia educativos. Classificação dos recursos multimédia e dos seus componentes

A introdução de recursos multimédia no processo educativo da escola processa-se de acordo com duas direcções principais.

Os recursos educativos multimédia, introduzidos de acordo com a primeira direção, são incluídos no processo educativo como ferramentas de "apoio" no âmbito dos métodos tradicionais do sistema historicamente estabelecido do ensino secundário geral. Neste caso, os recursos de informação funcionam como um meio de intensificar o processo de aprendizagem, individualizando a aprendizagem e automatizando parcialmente o trabalho de rotina dos professores relacionado com o registo, controlo e avaliação dos conhecimentos dos alunos.

A segunda direção da introdução de recursos multimédia é um processo mais complexo que conduz a mudanças no conteúdo do ensino, à revisão dos métodos e formas de organização do processo educativo, à construção de cursos holísticos baseados na utilização do conteúdo das fontes de informação em disciplinas escolares individuais.

Neste caso, o princípio psicológico da atividade e o princípio psicológico do "cultivo" devem ser a base para a criação, descrição, classificação e aplicação dos recursos multimédia.

De acordo com o primeiro princípio, o desenvolvimento do aluno baseia-se na apropriação ativa pelo aluno, com a ajuda do professor, de modos de atividade sócio-históricos ou de meios de comunicação. Neste caso, o ensino actua como uma organização das condições de apropriação, pelos alunos, destas ou daquelas formas de comunicação e de atividade. Na concretização deste princípio, os recursos multimédia podem ser introduzidos tanto na primeira como na segunda direção.

De acordo com o segundo princípio, reconhece-se o carácter duplo da influência pedagógica. Por um lado, ao realizar a ordem social, o professor gere a formação da personalidade, por outro lado, a gestão é efectuada com base na consideração consciente, por parte do professor, das qualidades individuais dos alunos. O "cultivo" da personalidade do aluno tem lugar nas condições de organização da autodeterminação deste, com a máxima consciência da natureza da atividade aprendida (só neste caso ele a considera "sua"). Quando a mudança do aluno como um todo permanece subjetivamente auto-mutável, o professor só pode contribuir para a mudança desejada criando "condições naturais" através da comunicação com o aluno. Neste caso, o conhecimento é "dado" ao aluno de acordo com a necessidade formada no processo de comunicação de aprendizagem anterior. A introdução de recursos multimédia durante a implementação deste princípio é realizada de acordo com a segunda direção descrita acima.

Estes princípios estão reflectidos de forma mais adequada e completa no modelo de aprendizagem centrado na pessoa. O seu objetivo é promover o desenvolvimento do aprendente como pessoa, para formar as suas necessidades de autoeducação e autodeterminação em situações de aprendizagem e de vida, com a consciência da responsabilidade pessoal. Neste modelo, os conhecimentos, as competências e as capacidades são considerados não como um objetivo, mas como um meio de desenvolvimento pessoal do aprendente, o que gera necessidades específicas do sistema educativo em matéria de fontes de informação.

Os principais tipos de recursos educativos de informação eletrónica que podem basear-se na utilização de tecnologias multimédia são

- recuperação de informação e sistemas multimédia de referência,
- enciclopédias multimédia aplicadas,
- ferramentas multimédia para controlar e medir o nível de conhecimentos, competências e capacidades dos alunos,
- simuladores electrónicos,
- Ferramentas multimédia para a modelização matemática e de simulação,
- ferramentas multimédia para laboratórios de acesso remoto e laboratórios virtuais,
- sistemas de formação automatizados,
- manuais multimédia electrónicos,
- sistemas de formação de peritos,
- Sistemas de aprendizagem inteligentes.

Esta enumeração define uma descrição dos principais grupos de todos os recursos multimédia possíveis. Cada um dos possíveis tipos normalizados de recursos multimédia é abrangido por uma das seguintes descrições.

Os sistemas multimédia de recuperação e referência de informação são concebidos para introduzir, armazenar, pesquisar e apresentar informação a professores, alunos e pais. Estes sistemas podem incluir vários programas hipermédia que permitem a organização hierárquica do material e a pesquisa rápida de informação multimédia por uma ou outra caraterística. As bases de dados de todos os tipos estão também muito difundidas. Os sistemas de gestão de bases de dados permitem pesquisar e ordenar a informação multimédia. As bases de dados podem ser utilizadas no processo educativo das escolas para organizar a apresentação do conteúdo do material educativo e a sua análise. O processo educativo moderno necessita de bases de dados educativas especializadas, adaptadas ao trabalho autónomo dos alunos, para que possam pesquisar e analisar a informação necessária.

Do conceito de sistema de recuperação de informação decorre diretamente o conceito mais moderno e difundido, devido à expansão dos sistemas de telecomunicações e dos portais, de enciclopédia multimédia aplicada, que é um conjunto de módulos de informação educativa juntamente com um sistema de gestão adequado. As enciclopédias multimédia aplicadas dão origem a uma das formas mais comuns de desenvolvimento de recursos multimédia educativos.

Uma enciclopédia multimédia aplicada pode corresponder a uma disciplina escolar ou a um grupo de disciplinas. Neste caso, um módulo educativo pode ser dedicado a um determinado tópico ou conceito abordado nas disciplinas académicas. Por exemplo, o módulo pode conter material correspondente ao conteúdo de apenas um parágrafo de um manual escolar tradicional ou descrever um conceito utilizado no ensino de várias disciplinas do ensino geral em simultâneo.

O atual sistema de aprendizagem variável exige enciclopédias multimédia que ofereçam vários módulos alternativos para cada tópico ou conceito, a fim de se adaptarem a diferentes ambientes de aprendizagem. Os módulos devem diferenciar-se pelo seu enfoque em diferentes grupos de professores ou alunos, características metodológicas, pormenor e estilo de apresentação, referências a diferentes exemplos, etc.

A melhoria da enciclopédia consiste no desenvolvimento e adição de novos módulos, na correção ou eliminação de material desatualizado e no desenvolvimento do sistema de gestão. Ao mesmo tempo, o aperfeiçoamento é possível não só por um círculo pré-determinado de autores ou especialistas numa determinada área temática, mas também por professores comuns que criam as suas próprias versões de recursos multimédia. Na prática, esta expansão das enciclopédias tem lugar localmente, nos computadores de professores e alunos específicos, ou diretamente no local de publicação da enciclopédia, com a ajuda de meios de telecomunicação.

O sistema de gestão da enciclopédia multimédia aplicada desempenha funções como a gestão das versões do recurso de informação multimédia, a manutenção dos dicionários, a gestão das hiperligações, a coordenação dos formatos de dados, a substituição dos termos por sinónimos e dos símbolos de valores por símbolos recomendados para a uniformização dos conceitos de nomenclatura na versão de um recurso, o registo dos módulos, a disponibilização de uma interface numa linguagem próxima da linguagem natural, etc.

A base para a criação e classificação de uma enciclopédia eletrónica aplicada é a estruturação do conhecimento, a seleção de conceitos temáticos e as relações entre eles. Tudo isto constitui a base para a construção do sistema de gestão do conhecimento estruturado da enciclopédia e é utilizado para unificar as interfaces dos módulos aquando do desenvolvimento das versões deste recurso multimédia.

As ferramentas multimédia para controlar e medir o nível de conhecimentos dos alunos estão amplamente representadas nos ambientes de telecomunicações e são muito utilizadas no ensino secundário geral devido à sua relativa facilidade de criação. Existe toda uma gama de sistemas de ferramentas com a ajuda dos quais um professor, mesmo que não esteja familiarizado com as noções básicas de programação, pode compilar listas de perguntas e possíveis respostas sobre um determinado tópico do currículo escolar. Regra geral, a tarefa do aluno consiste em escolher uma resposta correcta a partir de uma série de respostas sugeridas.

A necessidade do sistema de ensino escolar de tais recursos multimédia é condicionada pela necessidade de libertar os professores do trabalho rotineiro de emitir tarefas de controlo individuais e verificar a correção do seu cumprimento. Isto é especialmente relevante nas condições de formação escolar em massa e na necessidade de correlacionar os resultados da aprendizagem com os requisitos das normas educativas estatais.

O controlo múltiplo e mais frequente dos conhecimentos, incluindo o autocontrolo, estimula a repetição e, consequentemente, a consolidação do material de aprendizagem.

Os simuladores electrónicos são concebidos para a prática de competências e capacidades práticas. Estes recursos multimédia são necessários no processo educativo para a formação em situações complexas e mesmo de emergência, quando se pratica a resposta a situações de emergência, quando a utilização de instalações reais para a formação não é desejável por várias razões (possibilidade de criar situações de emergência, aumento do perigo, etc.). Além disso, os simuladores electrónicos são utilizados para praticar a capacidade de resolução de problemas. Neste caso, fornecem informações breves sobre a teoria, treinam diferentes níveis de independência, de controlo e de autocontrolo.

As ferramentas multimédia para a modelação matemática e de simulação podem também ser consideradas como recursos multimédia educativos, uma vez que permitem alargar os limites da investigação experimental e teórica, complementar uma experiência física com uma experiência computacional, fornecer aos alunos e professores dados informativos adicionais. Em alguns casos, esses recursos são utilizados para modelar objectos de investigação, noutros casos - instalações de medição. O sistema de ensino secundário geral necessita de um acesso rápido a estes recursos multimédia, a fim de reduzir o custo de aquisição de equipamento de laboratório dispendioso e de reduzir o nível de segurança do trabalho nos laboratórios de ensino. As ferramentas multimédia de modelização podem também incluir ambientes de software orientados para um determinado assunto, que permitam operar objectos-modelo de uma determinada classe.

Os sistemas de formação automatizados são, regra geral, recursos multimédia de formação de volume relativamente reduzido. Estes recursos multimédia permitem a familiarização dos estudantes com o material teórico, a formação e o controlo do nível de conhecimentos.

Os manuais multimédia electrónicos, juntamente com as enciclopédias multimédia, são os principais recursos multimédia educativos. Os manuais electrónicos são criados a um elevado nível científico e metodológico e devem respeitar plenamente a componente disciplinar da norma pedagógica do ensino secundário geral. Além disso, os manuais multimédia devem assegurar a continuidade e a exaustividade do ciclo didático do processo de aprendizagem sob a condição de feedback interativo.

A prática escolar mostra que a utilização de cópias electrónicas de manuais tradicionais em "papel" no processo de aprendizagem não conduz a um aumento da eficácia da aprendizagem, mas, pelo contrário, constitui por vezes um fator negativo significativo em relação à utilização de publicações impressas convencionais. A este respeito, um dos principais requisitos para os manuais multimédia, que são propostos tendo em conta as necessidades do processo educativo, é que a redução desse manual à versão "em papel" (impressão do conteúdo) deve sempre conduzir à perda das propriedades didácticas específicas inerentes a um manual multimédia.

Os sistemas de aprendizagem de peritos são realizados com base em ideias e tecnologias de inteligência artificial. Estes recursos multimédia simulam a atividade de peritos na resolução de tarefas bastante complexas e são capazes de adquirir novos conhecimentos, dar uma resposta ao pedido do aprendente, bem como resolver problemas de uma área temática específica do ensino escolar. Ao mesmo tempo, os sistemas de formação de peritos baseados em tecnologias multimédia fornecem explicações sobre estratégias e tácticas de resolução de problemas no decurso do diálogo de apoio ao processo de resolução. Infelizmente, ao trabalhar com estes sistemas, não são implementadas as ligações do ciclo didático do processo de aprendizagem dos alunos, como a organização da aplicação pelos alunos dos conhecimentos primários adquiridos e a receção de feedback (controlo das acções dos alunos). Quando se trabalha com sistemas de aprendizagem especializados, os alunos não têm de procurar uma solução por si próprios e, consequentemente, não se realiza uma ligação do ciclo didático como a receção de feedback.

Os sistemas de aprendizagem inteligentes são recursos multimédia educativos do mais alto nível e são também realizados com base em ideias de inteligência artificial. Estes recursos podem gerir todas as fases de resolução de uma tarefa de aprendizagem, desde a sua formulação e procura do princípio de solução até à avaliação da otimização da solução, tendo em conta as peculiaridades da atividade dos alunos. Estes recursos multimédia proporcionam uma interação de diálogo, em regra, numa linguagem próxima da linguagem natural.

O sistema moderno de ensino secundário geral necessita de sistemas de aprendizagem inteligentes, durante o diálogo educativo com os quais se possa discutir não só a correção de determinadas acções, mas também a estratégia para encontrar uma solução, planear acções, métodos de controlo, etc. Nestes sistemas, a gestão reflexiva da aprendizagem deve ser efectuada com base no modelo do aprendente (aperfeiçoado no decurso do processo de aprendizagem). Os recursos multimédia devem melhorar a estratégia de aprendizagem à medida que os dados são acumulados. Uma caraterística distintiva dos sistemas de formação inteligentes é o facto de não conterem os efeitos de formação principais e auxiliares numa forma pronta, mas gerarem-nos.

§ 3.2 Interatividade e modelização

Os recursos multimédia educativos modernos utilizados no ensino de crianças em idade escolar não se limitam à simples apresentação de material. Todos eles, regra geral, interagem com o aluno - colocam-lhe questões, oferecem-se para participar no desenrolar dos acontecimentos que têm lugar no ecrã do computador, escolhem a trajetória de aprendizagem do material. Existe um diálogo entre o aluno e o computador. A presença de tais propriedades num recurso multimédia é designada por interatividade.

Definiremos a interatividade de forma mais precisa um pouco mais tarde, mas, por agora, consideremos em pormenor as propriedades de um diálogo que pode surgir num aluno ou num professor com um computador e um recurso multimédia interativo nele executado.

Deve ter-se em conta que a interação de um aprendente com qualquer recurso multimédia não é um diálogo no sentido pleno da palavra. De acordo com uma das definições existentes, o diálogo é o desenvolvimento de um tópico, posição, ponto de vista através dos esforços conjuntos de duas ou mais pessoas em interação e comunicação sobre um conteúdo determinado ou desconhecido em alguns detalhes. A este respeito, o processo de comunicação de uma criança em idade escolar ou de um professor com um recurso multimédia, que, em muitos aspectos, se sobrepõe à comunicação entre seres humanos, é também vulgarmente designado por diálogo.

Segundo alguns professores, não pode haver um verdadeiro diálogo com o computador ou, mais precisamente, com o conjunto de informações multimédia formalizadas. Aquilo a que se chama "modo de diálogo" do ponto de vista didático é apenas uma variação da sequência ou do volume da informação multimédia. Estes procedimentos são provavelmente o fim das possibilidades de operar com informações prontas, fixadas na memória da máquina, de vários tipos.

O diálogo é a contradição dialética objetiva do sujeito realizada na comunicação pedagógica, e mesmo a máquina mais moderna não consegue dominar a contradição, não está fundamentalmente adaptada a ela. Avalia a introdução de informação contraditória como insatisfatória.

Isto significa que os recursos multimédia educativos modernos não proporcionam processos criativos, mesmo quando realizam modelação de simulação educativa, definem o modo de "jogo intelectual", apesar de ser nesta forma de aprendizagem que a utilização de computadores e multimédia é mais promissora. Estes recursos ajudam os professores a criar um ambiente de aprendizagem que não predetermina a formação do pensamento dos alunos, mas promove essa formação.

No processo de trabalho de um aluno com um recurso multimédia, a regulação pessoal da atividade de pensamento muda: o papel dos mecanismos de defesa pessoal aumenta, o nível subjetivo de realização do objetivo aumenta, os mecanismos de controlo da atividade são reorganizados e a motivação é transformada. O impacto na esfera motivacional permite gerir a educação para os objectivos. Pode assumir-se que existe uma nova forma de comunicação entre os participantes no processo educativo, mediada pela utilização dos mais recentes meios de informação e tecnologias de telecomunicação na educação.

A interatividade dos recursos multimédia utilizados no sistema educativo significa que o aluno tem a oportunidade de interagir ativamente com esses meios.

É de notar que o diálogo é mais frequentemente entendido como uma troca de informações que envolve duas partes. Na ciência, o diálogo é entendido de forma mais ampla e a sua principal caraterística não é a troca de mensagens de discurso dos interlocutores, mas a presença de várias posições.

Quando se trabalha com recursos multimédia educativos, um único nível de interação, correspondente a um diálogo entre um professor e um aluno, pode ser considerado ótimo.

Os principais factores psicológicos que caracterizam o diálogo são

- princípios psicológicos gerais da construção do diálogo,
- organizar o processo de comunicação,
- aspectos linguísticos (escolha da língua de comunicação, construção do texto da mensagem, sua forma, tamanho, etc.),
- modalidade de comunicação (tipo de apresentação da informação e respostas do aluno),
- aspectos significativos da comunicação.

Se forem utilizadas abordagens correctas para a criação de recursos multimédia, estes modelam não apenas a comunicação, mas a comunicação pedagógica, que cria condições para o desenvolvimento da motivação e a formação correcta da personalidade do aluno, proporcionando um clima emocional favorável à aprendizagem na escola.

Ao mesmo tempo, um pré-requisito importante para um diálogo eficaz entre um aluno e um recurso multimédia é a observância da distância social. Sabe-se que a redução desta distância, que se exprime geralmente num tratamento familiarista do interlocutor, conduz à perda da autoridade do professor no ambiente de aprendizagem. Na prática da aprendizagem informatizada, esta lacuna exprime-se no uso do "tu", no abuso do humor, em resultado do qual os alunos podem ter o desejo de colocar a ferramenta de aprendizagem num impasse. O mesmo desejo surge nos alunos quando a distância social é excessivamente grande, quando as observações do computador são dadas numa forma categórica que fere o ego dos alunos.

A maior importância deve ser dada à orientação pedagógica do diálogo, ou seja, a concentração na consecução dos objectivos de aprendizagem. Outro requisito essencial para o diálogo entre o aprendente e a ferramenta multimédia deve ser a simplicidade e o tempo mínimo para a introdução da resposta. É necessário construir o diálogo de forma a que os aprendentes pensem no conteúdo da sua resposta e não na forma de a introduzir no computador.

Para garantir a flexibilidade e a clareza do diálogo do aprendente com o recurso multimédia, é necessária uma organização racional da interface do utilizador.

Assim, o diálogo é uma componente essencial da interatividade discutida no início da subsecção.

Existem três tipos principais de interatividade utilizados pelas ferramentas multimédia educativas:

- Interação reactiva: os aprendentes dão uma resposta às situações que lhes são apresentadas.

A sequência das tarefas é rigidamente fixada e há poucas possibilidades de controlar o programa multimédia;

- interação ativa: os alunos controlam o recurso multimédia. Os alunos decidem a ordem de realização das tarefas e o percurso de aprendizagem a seguir quando trabalham com o recurso multimédia;

- interação bidirecional: os aprendentes e os recursos multimédia podem adaptar-se mutuamente.

A interatividade multimédia implica uma vasta gama de possibilidades para professores e alunos influenciarem o processo e o conteúdo da aprendizagem, incluindo

- manipulação de objectos no ecrã;

- navegação linear - deslocação no ecrã;

- navegação hierárquica - seleção de subsecções de conteúdos através de um sistema de menus organizado hierarquicamente;

- função de ajuda interactiva chamada por botões especiais na barra de navegação. A ajuda sensível ao contexto é a mais eficaz;

- Interação com o utilizador, em que a ferramenta tem a capacidade de responder a questões e acções do professor ou do aluno;

- interação construtiva, quando um recurso multimédia oferece uma oportunidade para criar ou configurar objectos no ecrã;

- interação reflexiva, quando o recurso multimédia tem em conta as acções do utilizador para análise posterior (por exemplo, para recomendar ao aluno a sequência ideal de estudo do material com base nesta informação), a escolha entre a variante de estudo "especializada" ou "introdutória";

- interatividade simulada, quando os objectos do ecrã estão ligados entre si e interagem de tal forma que a configuração desses objectos determina o seu "comportamento" (simulação do funcionamento real de dispositivos técnicos, processos sociais, etc.);

- Interatividade contextual aprofundada, em que o aprendente é envolvido numa variedade de actividades que têm um valor didático implícito. Este tipo de interatividade é utilizado em muitos programas multimédia lúdicos e educativos e em vários jogos multimédia para crianças em idade escolar;
- interatividade contextual aprofundada, reduzida às especificidades do funcionamento dos sistemas de realidade virtual, em que os alunos e o Professor estão imersos num mundo tridimensional simulado.

Intimamente relacionado com o conceito de interatividade está o conceito de modelização. Muitos recursos multimédia são recursos de modelização.

Os recursos multimédia de modelização permitem alargar os limites da investigação experimental e teórica, complementar uma experiência física com uma experiência computacional, fornecer aos alunos e professores dados informativos adicionais. Em alguns casos, com a ajuda desses recursos, os objectos de investigação são modelados, noutros casos - instalações de medição. As ferramentas de modelização multimédia podem também incluir ambientes de software orientados para o tema, que proporcionam uma oportunidade de operar com objectos-modelo.

No que diz respeito à modelização informática, é de notar que, atualmente, ao introduzir as tecnologias multimédia no processo educativo, é necessário prestar atenção à criação de modelos de informação generalizados de classes inteiras de objectos técnicos (então, este ou aquele dispositivo técnico real será entendido como uma implementação privada) e à criação de todos os tipos de modelos de laboratório de simulação, simuladores, incluindo modelos virtuais.

Os modelos informáticos, regra geral, não são universais. Cada um deles foi concebido para simular uma gama bastante restrita de fenómenos. Com base na tecnologia de modelação matemática, os modelos multimédia computacionais podem ser utilizados não só para demonstrar fenómenos difíceis de reproduzir num ambiente de sala de aula, mas também para a elucidação interactiva do grau de influência de determinados parâmetros na situação simulada. Esta propriedade permite a utilização dos modelos como simuladores de instalações laboratoriais, bem como a prática de competências de controlo dos processos modelados. As ferramentas multimédia modernas permitem não só trabalhar com modelos prontos de objectos, mas também construí-los a partir de elementos individuais.

§ 3.3 Qualidade dos recursos multimédia educativos. O sistema de requisitos para a qualidade dos recursos multimédia

O sistema de ensino secundário geral tem uma necessidade significativa de recursos multimédia de qualidade que permitam a sua utilização na prática:

- organizar uma variedade de formas de actividades dos alunos para a recuperação e apresentação autónomas de conhecimentos;
- aplicar toda a gama de possibilidades das modernas tecnologias da informação e das telecomunicações no processo de realização de vários tipos de actividades de

aprendizagem, incluindo o registo, a recolha, o armazenamento, o tratamento da informação, o diálogo interativo, a modelação de objectos, fenómenos, processos, o funcionamento de laboratórios (virtuais, com acesso remoto ao equipamento real), etc;

- introduzir informação direta no processo educativo, juntamente com informação associativa, utilizando as possibilidades das tecnologias multimédia, da realidade virtual e dos sistemas hipermédia;

- diagnosticar e avaliar objetivamente as capacidades intelectuais dos alunos, bem como o nível dos seus conhecimentos, aptidões e capacidades, o nível de preparação para uma determinada aula nas disciplinas do ensino geral, para medir os resultados da aprendizagem do material de acordo com os requisitos da norma educativa estatal;

- gerir as actividades de aprendizagem dos alunos de forma adequada ao nível intelectual de um determinado aluno, ao nível dos seus conhecimentos, competências, capacidades, peculiaridades da sua motivação, tendo em conta os métodos implementados e os meios de ensino utilizados;

- criar condições para actividades individuais de aprendizagem independente dos alunos, para formar competências de auto-aprendizagem, auto-desenvolvimento, auto-aperfeiçoamento, autoeducação, auto-realização;

- fornecer prontamente aos professores, alunos e pais informações relevantes e oportunas que sejam coerentes com os objectivos e o conteúdo do ensino secundário geral;

- criar um quadro para uma comunicação contínua e reactiva entre professores, alunos e pais, com o objetivo de melhorar a aprendizagem.

Todos os recursos multimédia utilizados no ensino secundário geral, sem exceção, devem satisfazer as exigências didácticas das publicações pedagógicas tradicionais, tais como os manuais escolares e os manuais didácticos e metodológicos. As exigências didácticas correspondem às necessidades do processo educativo da escola e, consequentemente, aos princípios didácticos do ensino. Os requisitos didácticos normalizados para os recursos multimédia são discutidos a seguir.

A exigência de assegurar a cientificidade do ensino com a utilização de recursos multimédia significa profundidade suficiente, correção e fiabilidade científica da apresentação do conteúdo do material didático fornecido pelo recurso, tendo em conta as mais recentes conquistas científicas. De acordo com as necessidades do sistema geral do ensino secundário, o processo de aprendizagem do material didático com a ajuda de recursos multimédia deve basear-se nos principais métodos do conhecimento científico: experimentação , comparação, observação, abstração, generalização, concretização, analogia, indução e dedução, análise e síntese, modelização e análise de sistemas.

A exigência de garantir a acessibilidade do ensino através de recursos multimédia implica a necessidade de determinar o grau de complexidade teórica e de profundidade de estudo do material didático em função da idade e das características individuais dos alunos. É inaceitável complicar e sobrecarregar o material didático, o que impossibilita o aluno de o dominar.

A necessidade de assegurar uma aprendizagem baseada em problemas é condicionada pela essência e pela natureza da aprendizagem e da atividade cognitiva. Quando um aluno é confrontado com uma situação problemática que tem de ser resolvida, a sua atividade de pensamento aumenta. O nível de cumprimento deste requisito didático com a ajuda de recursos multimédia pode ser significativamente mais elevado do que com a utilização de manuais e livros de texto tradicionais.

A exigência de assegurar a visibilidade da aprendizagem significa a necessidade de ter em conta a perceção sensual dos objectos estudados, dos seus modelos ou maquetas e da sua observação pessoal pelo aluno. A exigência de visualização em caso de utilização de recursos multimédia deve ser implementada a um nível fundamentalmente novo e superior. A difusão dos sistemas de realidade virtual permitirá, num futuro próximo, falar não só de visibilidade, mas também de aprendizagem polissensorial.

O requisito de garantir a consciência da aprendizagem, a independência e a ativação da atividade do aprendente pressupõe que as ferramentas multimédia garantam acções independentes dos estudantes para recuperar informação educativa com uma compreensão clara das metas e objectivos finais das actividades de aprendizagem. Ao mesmo tempo, o aprendente está consciente do conteúdo para o qual a sua atividade de aprendizagem é dirigida. O funcionamento e a utilização dos recursos multimédia devem basear-se na abordagem por actividades. Por conseguinte, os recursos correspondentes devem conter um modelo claro da atividade do aprendente. Os motivos da atividade do aprendente devem ser adequados ao conteúdo do material de aprendizagem. Para aumentar a atividade de aprendizagem, os subsistemas dos recursos multimédia devem gerar situações de aprendizagem, formular perguntas, dar ao aluno a oportunidade de escolher um determinado percurso de aprendizagem e controlar o curso dos acontecimentos.

A exigência de assegurar a sistematicidade e a coerência da aprendizagem quando se utilizam recursos multimédia significa assegurar a necessidade de o sistema de aprendizagem garantir que os alunos aprendam um determinado sistema de conhecimentos na área temática estudada de forma coerente, a necessidade de os conhecimentos, as competências e as capacidades serem formados num determinado sistema, numa ordem logicamente justificada. Isto requer:

- apresentar material didático de forma sistematizada e estruturada;
- ter em conta os conhecimentos retrospectivos e prospectivos, as competências e as aptidões que estão a ser formadas ao formar e apresentar cada parte da informação de aprendizagem;
- tendo em conta as ligações interdisciplinares do material estudado;

- sequência didaticamente justificada de apresentação do material didático e dos efeitos de aprendizagem;
- organizar o processo de aquisição de conhecimentos numa sequência determinada pela lógica da aprendizagem;
- ligar a informação fornecida pelo recurso multimédia à prática, seleccionando exemplos, criando momentos de jogo significativos, apresentando tarefas práticas, experiências, modelos de processos e fenómenos reais.

A exigência de assegurar a unidade das funções educativa, desenvolvimental e pedagógica do ensino quando se utilizam recursos multimédia.

A exigência de garantir a validade funcional e de conteúdo dos subsistemas de teste e medição dos recursos multimédia. As necessidades do sistema de aprendizagem impõem a esses recursos a exigência de garantir a conformidade do material de controlo e de medição com o conteúdo do material didático (validade do conteúdo) e com o nível de atividade avaliado dos alunos (validade funcional).

A exigência de garantir a fiabilidade na utilização dos subsistemas de controlo e de medição dos recursos multimédia é definida como a probabilidade de medir corretamente o nível de aprendizagem do material didático utilizando recursos multimédia. Esta exigência responde às necessidades do sistema geral do ensino secundário no sentido de garantir a sustentabilidade dos resultados de medições repetidas ou do controlo dos resultados de aprendizagem do mesmo aluno.

Para além dos requisitos didácticos tradicionais para os recursos multimédia e para as publicações educativas tradicionais, os recursos multimédia devem também ter requisitos didácticos específicos devido às necessidades existentes no sistema de ensino escolar e à utilização das vantagens das modernas tecnologias da informação e das telecomunicações na criação e funcionamento dos recursos multimédia.

O requisito de adaptabilidade implica a adaptabilidade dos recursos multimédia educativos às capacidades individuais de um aluno. O requisito significa adaptação, adaptação do processo de aprendizagem utilizando recursos multimédia ao nível de conhecimentos e competências, características psicológicas do aluno. É razoável distinguir três níveis de adaptação dos recursos. O primeiro nível de adaptação é a possibilidade de o aprendente escolher o ritmo de aprendizagem mais adequado para si. O segundo nível de adaptação implica um diagnóstico do estado do aprendente, com base nos resultados do qual são propostos os conteúdos e os métodos de formação. O terceiro nível de adaptação baseia-se numa abordagem aberta, que não implica a classificação dos possíveis utilizadores e consiste no facto de os autores de um recurso multimédia tentarem desenvolver o maior número possível de variantes da sua utilização para o maior número possível de alunos.

O requisito de interatividade da aprendizagem significa que, no processo de aprendizagem, deve haver uma interação bidirecional do aluno com os recursos multimédia educativos. Estas ferramentas devem proporcionar diálogo e feedback.

Uma parte importante da organização do diálogo é a resposta adequada obrigatória dos recursos multimédia à ação dos professores e dos alunos. As ferramentas de feedback controlam e corrigem as acções dos alunos, dão recomendações para trabalhos futuros e fornecem acesso constante a informações de referência e explicativas. No caso do controlo com diagnóstico de erros baseado nos resultados do trabalho de aprendizagem, as ferramentas de feedback fornecem os resultados da análise do trabalho com recomendações para melhorar o nível de conhecimentos.

A exigência de desenvolver o potencial intelectual do aprendente ao trabalhar com recursos multimédia responde às necessidades do sistema geral do ensino secundário para a formação dos estilos de pensamento dos alunos (algorítmico, visual e figurativo, teórico), a capacidade de tomar uma decisão óptima ou decisões variantes numa situação complexa, a capacidade de processar informação (com base na utilização de sistemas de processamento de dados, sistemas de recuperação de informação, bases de dados, etc.).

A exigência de conetividade sistemática e estrutural-funcional da apresentação de material didático em recursos multimédia.

A exigência de garantir a formabilidade e a unicidade das tarefas nos subsistemas de controlo e de medição dos recursos multimédia. De acordo com este requisito, as tarefas apresentadas aos alunos não devem existir totalmente antes do início da medição ou do controlo e devem ser formadas aleatoriamente no momento do trabalho do aluno com os recursos multimédia. Simultaneamente, as tarefas recebidas por diferentes alunos devem ser diferentes, o que vai ao encontro das necessidades da educação em garantir a objetividade e a adequação das medições pedagógicas.

O requisito de assegurar a integralidade (integridade) e a continuidade do ciclo didático de aprendizagem utilizando recursos multimédia significa que esses recursos devem proporcionar uma oportunidade de realizar todas as ligações do ciclo didático numa única sessão de trabalho com as tecnologias da informação e das telecomunicações.

Os requisitos didácticos dos recursos multimédia estão estreitamente relacionados com os requisitos metodológicos. Os requisitos metodológicos implicam ter em conta as necessidades do ensino de uma determinada disciplina escolar, as especificidades da ciência correspondente, o seu aparato concetual, as particularidades dos métodos de investigação das suas regularidades; as possibilidades de realização de métodos modernos de tratamento da informação e a metodologia de implementação da atividade educativa.

Os recursos multimédia devem cumprir os seguintes requisitos metodológicos.

Devido à diversidade dos sistemas e dispositivos técnicos reais, bem como à complexidade do seu funcionamento, a apresentação de material educativo utilizando recursos multimédia deve basear-se na inter-relação e interação das componentes conceptuais, figurativas e de ação do pensamento dos alunos.

Os recursos multimédia devem refletir o sistema de conceitos científicos de uma disciplina escolar sob a forma de uma estrutura hierárquica, em que cada nível corresponde a um determinado nível de abstração intra-disciplinar, bem como assegurar a consideração das inter-relações lógicas destes conceitos, tanto a um nível como a vários níveis. Esta abordagem contribui para satisfazer a necessidade dos sistemas de aprendizagem de métodos eficazes de apresentação de material didático devido à possibilidade de percorrer sequencialmente a estrutura hierárquica e a explicação dos conceitos científicos do domínio educativo.

Os recursos multimédia educativos devem dar aos alunos a oportunidade de realizar acções de formação controladas, a fim de aumentar gradualmente o nível intra-disciplinar de abstração do conhecimento ao nível de assimilação suficiente para realizar actividades algorítmicas e heurísticas.

A par dos requisitos didácticos para o desenvolvimento e utilização dos recursos multimédia, é necessário respeitar um conjunto de requisitos psicológicos que afectam a eficácia da aprendizagem na escola. Os seguintes requisitos psicológicos fazem parte dos requisitos para todos os recursos multimédia, sem exceção.

A apresentação de material didático em recursos multimédia deve corresponder não só aos níveis verbal-lógico, mas também sensório-percetivo e representacional do processo cognitivo.

A apresentação de material educativo utilizando recursos multimédia deve ser orientada para o tesauro e a composição linguística de um determinado contingente etário e para as especificidades da formação dos alunos. Os recursos multimédia devem ser criados e funcionar tendo em conta o sistema de conhecimentos e as competências linguísticas dos alunos. A apresentação do material didático deve ser compreensível para um determinado grupo etário de alunos, mas não deve ser demasiado simples, pois pode levar a uma diminuição da atenção.

A utilização de recursos multimédia deve ter por objetivo desenvolver o pensamento figurativo e lógico dos alunos.

Os requisitos ergonómicos para os recursos multimédia têm em conta as características etárias dos alunos, proporcionam um aumento do nível de motivação para a aprendizagem, definem os requisitos para a imagem da informação e os modos de funcionamento dos recursos multimédia. O principal requisito ergonómico é a exigência de garantir uma atitude humana para com o aluno, de organizar uma interface amigável nos recursos multimédia, de garantir a possibilidade de os alunos utilizarem as dicas e instruções metodológicas necessárias, a sequência e o ritmo de trabalho livres, o que evitará um impacto negativo na psique e criará uma atmosfera benevolente nas aulas.

Os requisitos de saúde para o desenvolvimento e utilização de recursos multimédia correspondem aos requisitos de higiene e normas sanitárias para o trabalho dos alunos com equipamento informático. Os recursos multimédia devem ser desenvolvidos e utilizados de forma a que o tempo gasto por um aluno a trabalhar com o recurso não exceda as normas sanitárias de trabalho com o respetivo equipamento informático. O não cumprimento destes requisitos terá como consequência que os alunos não percebam parte da informação multimédia (no caso de requisitos específicos para a idade) ou que a sua saúde se deteriore (requisitos sanitários e de higiene).

Com a penetração dos recursos multimédia no processo educativo das escolas do sistema de ensino secundário geral, aumenta a necessidade de uma documentação de qualidade que acompanhe os recursos multimédia. Os requisitos para a conceção de documentação para recursos multimédia justificam a necessidade de verificar a correção, a exaustividade e o detalhe da conceção de orientações metodológicas e instruções para os utilizadores.

A criação e a utilização de recursos multimédia devem ser acompanhadas de documentação adequada, a fim de proporcionar uma interface entre os criadores , os clientes, os professores e os alunos, e de garantir que as funções do recurso multimédia possam ser aprendidas e melhoradas. A documentação dos recursos deve ser completa e garantir que estes possam ser utilizados eficazmente para a aprendizagem dos alunos.

A documentação dos recursos multimédia deve facilitar a mobilidade, a reutilização e a reutilização dos seus componentes.

Capítulo 4.

Recursos multimédia da Internet.

§ 4.1 Acesso remoto a recursos multimédia. A Internet e os seus serviços.

A principal fonte de recursos multimédia para a maioria dos professores e alunos é a Internet. Esta rede permite o acesso a recursos educativos e a muitos outros recursos que contêm informações de vários tipos, desde texto a imagens de vídeo complexas. Hoje em dia, as tecnologias multimédia e hipermédia estão a tornar-se inseparáveis das tecnologias de telecomunicações, e a World Wide Web está a tornar-se um repositório grande e bem estruturado de informação multimédia.

Um dos serviços mais populares e promissores das tecnologias de rede relacionadas com o multimédia é a tecnologia WWW, que é um sistema distribuído de recursos hipermédia, cuja caraterística distintiva, para além de uma aparência atraente, é a capacidade de organizar referências cruzadas entre si. Utilizando um programa especial para visualizar documentos WWW (browser), um utilizador da rede pode navegar rapidamente através de ligações de um documento para outro, viajando pelo espaço da World Wide Web.

A tecnologia de comunicação mais difundida e o serviço correspondente nas redes informáticas tornou-se a tecnologia de envio e tratamento de mensagens de informação, que permite a comunicação operacional entre as pessoas. O correio eletrónico (e-mail) é um sistema de armazenamento e envio de mensagens entre pessoas que têm acesso a uma rede informática. O correio eletrónico pode ser utilizado para transmitir qualquer informação multimédia (documentos de texto, imagens, dados digitais, gravações de som, etc.) através de redes informáticas.

Um serviço deste tipo realiza:

- edição de documentos antes da transmissão,
- armazenamento de documentos e mensagens,
- reencaminhamento de correio,
- verificação e correção dos erros que ocorrem durante a transmissão,
- emitir um aviso de receção da correspondência pelo destinatário,
- receção e armazenamento de informações multimédia,
- análise da correspondência recebida.

O correio eletrónico pode ser utilizado para a comunicação não verbal entre os participantes no processo educativo e para o envio de multimédia (materiais de ensino e aprendizagem). Para utilizar o correio eletrónico, basta aprender alguns comandos do cliente de correio eletrónico para enviar, receber e processar informações.

O correio eletrónico pode ser utilizado pelos professores para aconselhamento, envio dos testes dos alunos e comunicação profissional com os colegas. Também é aconselhável utilizá-lo para a realização de aulas electrónicas em modo assíncrono, quando os alunos recebem previamente em formato eletrónico material didático multimédia, excertos de literatura recomendada, etc., e depois as consultas são realizadas por correio eletrónico.

Vamos destacar as principais possibilidades de utilização do correio eletrónico no processo educativo da escola:

- distribuição de material didático às crianças em idade escolar;
- organizar uma sessão de aconselhamento;
- aprendizagem mútua no intercâmbio de informações entre os alunos;
- lições de ensino à distância fora de linha;
- comunicação entre os professores e os directores das escolas e os pais das crianças em idade escolar.

Uma caraterística distintiva e conveniente do correio eletrónico é a possibilidade de enviar a mesma mensagem a um grande número de destinatários de uma só vez.

Um princípio de correio semelhante é utilizado por um serviço da Internet chamado listas de correio. Este serviço funciona em modo de subscrição. Ao subscrever uma lista de distribuição, um professor ou aluno recebe regularmente uma seleção de mensagens de correio eletrónico sobre um determinado tema. As listas de correio desempenham as funções das publicações periódicas na Internet.

De um ponto de vista didático, as listas de discussão podem ser utilizadas para organizar as chamadas "aulas de formação virtuais". As regras e os métodos de subscrição são explicados ao grupo de estudo criado e este começa a funcionar. Todas as mensagens enviadas para o grupo de discussão por qualquer membro são automaticamente enviadas pelo servidor da lista de correio eletrónico a todos os membros. Um dos participantes (moderador) é o professor.

As principais possibilidades didácticas da utilização das listas de discussão são a distribuição automática de materiais didácticos e a organização de salas de aula virtuais.

Outro **serviço popular** fornecido pelas modernas redes de telecomunicações e que permite o intercâmbio de informações multimédia entre pessoas unidas por interesses comuns é a teleconferência.

Uma teleconferência é um fórum em linha organizado para debater e enviar mensagens sobre um determinado tema.

A teleconferência permite-lhe publicar mensagens de interesse em computadores especiais da rede. As mensagens podem ser lidas ligando-se ao computador e seleccionando um tópico para discussão. Depois, se desejar, pode responder ao autor do artigo ou enviar a sua própria mensagem. Desta forma, é organizada uma discussão em linha com carácter noticioso, uma vez que as mensagens são armazenadas durante um curto período de tempo.

A disponibilidade de ferramentas multimédia de hardware: equipamento áudio e vídeo (microfone, câmara de vídeo digital, etc.) ligado a um computador permite organizar conferências áudio e vídeo por computador, cada vez mais difundidas no sistema de ensino secundário geral.

Ao contrário das listas de discussão baseadas no correio eletrónico, algumas teleconferências e newsgroups funcionam em tempo real. A diferença é que, no caso de uma lista de discussão, a informação é trocada fora de linha através da distribuição automática de correio eletrónico. Um servidor de notícias publica imediatamente todas as mensagens num quadro partilhado, armazenando-as durante algum tempo. Assim, as teleconferências permitem organizar um debate tanto em linha como em diferido. Quando se organizam sessões de formação, é aconselhável utilizar grupos de discussão moderados pelo professor.

Uma das formas de aprendizagem eletrónica que utiliza tecnologias multimédia de telecomunicações é o cenário clássico de "perguntas e respostas". O professor informa antecipadamente os alunos sobre o tema e as perguntas do seminário e, em seguida, fixa a hora da sessão. Durante o seminário, o professor coloca uma pergunta por escrito a qualquer aluno, que tem de responder. De seguida, pode ser organizado um debate sobre a resposta ou podem ser feitos comentários. Os resultados da discussão são registados e, no final da aula, o professor pode avaliar tanto as respostas dos alunos como a sua atividade.

Com o desenvolvimento dos meios técnicos das redes informáticas, a velocidade de transmissão de dados está a aumentar. Isto permite aos utilizadores ligados à rede não só trocar mensagens de texto, mas também transmitir recursos multimédia, como imagens de som e vídeo, a uma distância considerável. Um dos representantes dos programas que implementam a comunicação através da rede é o NetMeeting, que faz parte do pacote Internet Explorer. O NetMeeting é uma ferramenta multimédia que concretiza as possibilidades de comunicação direta através da Internet.

Note-se que, para realizar a comunicação áudio, é necessário hardware multimédia adequado: placa de som, microfone e altifalantes. A comunicação vídeo requer uma placa de vídeo e uma câmara, ou apenas uma câmara que suporte a norma Video for Windows.

As principais áreas de utilização do NetMeeting no processo de ensino do ensino secundário são:

- organização de aulas e consultas virtuais em tempo real, incluindo comunicação vocal e vídeo entre professores e alunos;
- intercâmbio de informações em modo texto, gráfico e sonoro;
- organização do trabalho conjunto com informação pedagógica em linha;

- envio de informações pedagógicas e metodológicas sob a forma de ficheiros em tempo real;
- comunicação interactiva dos professores e da administração com os pais dos alunos, no futuro - reuniões operacionais de pais por telecomunicação.

A pesquisa automatizada de informação multimédia é um serviço importante implementado nas redes informáticas, na perspetiva de melhorar a eficácia do ensino escolar. Através de ferramentas especializadas - sistemas de recuperação de informação - é possível encontrar, no mais curto espaço de tempo, informações e recursos multimédia de interesse nas fontes de informação mundiais.

A utilização das modernas tecnologias de telecomunicações permite não só proporcionar um acesso distribuído no espaço e no tempo aos recursos de informação educativa a todos os participantes no processo educativo, mas também envolver na formação do conteúdo dos recursos multimédia e do sistema de portais educativos um grande número de especialistas e um grande número de recursos.

A este respeito, o desenvolvimento, a apresentação e a catalogação dos recursos multimédia devem ter em conta um sistema de disposições organizacionais e tecnológicas essenciais do ponto de vista da inclusão de ligações a recursos multimédia em portais educativos. Esse sistema deve incluir vários desses condicionalismos tecnológicos de base relacionados com o desenvolvimento e o funcionamento dos recursos multimédia:

1. O software incluído no recurso multimédia deve ser modular, permitindo que o recurso multimédia seja dinamicamente alargado à distância ou utilizado em partes.

2. O recurso multimédia deve ter a propriedade da escalabilidade, o que permitirá simplificar o processo da sua adaptação às especificações do portal educativo e às características tecnológicas do hardware e software dos utilizadores que trabalham com o recurso e o portal.

3. Os recursos multimédia devem ser adaptados para funcionarem em servidores de telecomunicações utilizados por criadores de portais, especialistas que formam recursos multimédia e criadores de outros recursos incluídos no portal.

§ 4.2 Utilização dos recursos multimédia das telecomunicações na educação dos alunos

A maior parte dos recursos multimédia de melhor qualidade, cuja utilização aumentaria a eficácia do ensino secundário geral, está catalogada em portais educativos na Internet. Atualmente, já foi desenvolvido um esquema organizacional para a criação de um sistema de portais educativos, que tem as suas próprias peculiaridades. O esquema organizacional da criação de um sistema de portais educativos inclui:

- portal horizontal;
- perfil dos portais verticais por domínios de conhecimento: humanitário, económico

e social, ciências naturais, engenharia, pedagógico, médico, agrícola, etc;

- portais verticais especializados: edição de livros, exame unificado, notícias sobre educação, etc.

O pórtico horizontal permite:

- navegar em todos os portais verticais;
- pesquisa de informações multimédia no domínio da educação na Internet;
- personalização e adaptação pessoal da interface, quer seleccionando a categoria do utilizador (aprendente, professor, administrador, criador do portal) e especificando o nível de ensino, quer concebendo a sua própria interface;
- formar e fornecer fatias de portais verticais por níveis de ensino;
- armazenamento e fornecimento de informações no domínio da educação (legislação, ordens, documentos normativos, normas, listas de especialidades, conjunto federal de manuais escolares, base de dados de universidades, etc.);
- publicação de uma revista de imprensa diária sobre questões de educação;
- feed de notícias sobre educação;
- organização de fóruns, grupos de discussão, listas de correio eletrónico.

Os portais verticais de perfil devem conter materiais para todos os níveis de ensino: ensino primário, ensino secundário, ensino profissional primário, ensino profissional secundário, ensino superior, ensino complementar, ensino pós-graduado.

Os portais verticais especializados devem fornecer apoio e serviços de informação para a resolução de tarefas especiais específicas a nível de toda a Rússia. Todos os portais verticais devem ter uma interface comum e regras comuns de atualização e manutenção. Os portais verticais poderão utilizar plenamente a informação de referência localizada no portal horizontal superior, o seu motor de pesquisa, os meios de personalização e a adaptação da interface.

A utilização de recursos multimédia publicados na Internet e catalogados em portais educativos não terá um efeito adequado no ensino secundário geral sem que se determinem os métodos de utilização dos recursos no ensino dos alunos.

Os métodos incluem o chamado método de projeto, que é um caso especial de tecnologia de aprendizagem integrada. No processo da sua implementação, surgiram novas formas de organização das actividades de aprendizagem, tais como

- os alunos trabalham em grupos com parceiros da rede;
- assimilação de conhecimentos culturais gerais e formação da visão do mundo dos estudantes com base em informações multimédia recebidas através de canais de telecomunicações;
- utilização das mais recentes tecnologias multimédia;

- Desenvolvimento da escrita comunicativa em crianças em idade escolar.

Além disso, a utilização de tais tecnologias pedagógicas facilita a organização do trabalho conjunto de vários professores, a integração de formas de trabalho curriculares e extracurriculares, as mudanças no conteúdo do ensino secundário geral associadas a um acesso qualitativamente novo dos estudantes aos recursos de informação mundiais, a utilização de ferramentas multimédia como instrumento em praticamente todas as disciplinas académicas escolares.

É também de salientar que a conveniência da aplicação prática de tais projectos prova o potencial didático essencial dos sistemas de telecomunicações modernos e dos recursos multimédia relevantes utilizados no ensino de crianças em idade escolar.

Os alunos podem participar num projeto educativo por si próprios se já tiverem aprendido a trabalhar com sistemas de telecomunicações e tiverem competências para utilizar ferramentas técnicas multimédia adequadas. Ao implementar o método de projeto, todas as actividades do projeto são dirigidas ao aluno e não é importante se o aluno está envolvido nelas na escola ou em casa. A independência na escolha da trajetória de aprendizagem permite ao aluno atingir um novo e mais elevado nível de trabalho com a Internet e considerar a rede como um instrumento de aprendizagem e de auto-desenvolvimento, o que, por sua vez, contribui para a manifestação da atividade social do aluno.

Os recursos multimédia de telecomunicações distribuídos utilizados no ensino escolar podem incluir várias ferramentas criadas para o sistema geral de ensino secundário e entregues ao aluno através da utilização de uma variedade de meios de telecomunicações.

Em particular, essas tecnologias podem incluir tecnologias à distância que utilizam redes de televisão e canais de satélite de transmissão de informação multimédia. Estas tecnologias educativas baseiam-se no princípio modular, que implica a divisão do conteúdo de uma disciplina escolar em blocos fechados, para os quais são previstas actividades de controlo.

O controlo da qualidade da aquisição de conhecimentos pelos alunos é efectuado através do sistema de testes electrónicos.

As modernas tecnologias de telecomunicações e os recursos educativos multimédia distribuídos caracterizam-se por uma ampla utilização de programas de formação baseados em computador e de manuais electrónicos disponíveis para os estudantes através de redes informáticas globais (Internet) e locais (Intranet). O elemento de aprendizagem desta tecnologia é, antes de mais, a forma presencial das aulas e a certificação dos alunos. Por conseguinte, é mais correto falar de tecnologias complexas com uma utilização significativa de publicações electrónicas educativas e de outros recursos multimédia distribuídos pelas redes de telecomunicações.

Nesta abordagem, todos os materiais de aprendizagem multimédia são colocados em servidores e estão disponíveis para auto-estudo. O aprendente tem a oportunidade de contactar o professor, fazer testes intermédios e finais.

Os recursos multimédia e os métodos especializados de ensino que os alunos que utilizam esses recursos podem trazer para a escola:

- utilizar informações multimédia disponíveis em sítios Web educativos e científicos para realizar tarefas, preparar materiais didácticos, ensaios, trabalhos de projeto;
- organizar a representação da escola na Internet;
- criação de um recurso multimédia sobre uma das disciplinas escolares disponível na Internet;
- colocação de sítios Web pessoais de professores e alunos.

Os métodos de ensino devem ter em conta que todo o espaço da WWW é constituído por documentos chamados páginas Web. Uma página Web é um documento que contém:

- texto formatado;
- objectos multimédia (gráficos, som, clips de vídeo);
- ligações para outras páginas Web ou outros recursos da Internet;
- componentes activos capazes de funcionar no computador do cliente de acordo com um programa neles incorporado.

Numa página é difícil apresentar toda a informação necessária, pelo que, regra geral, a informação é apresentada como um conjunto de várias dezenas ou centenas de páginas Web, ligadas entre si por um tema comum, um estilo de desenho comum e ligações de hipertexto mútuas. Este conjunto é designado por sítio Web ou nó Web.

Web-site (Web-node, Web-site) - um grupo de páginas Web ligadas entre si por um tema comum, um estilo de conceção comum e ligações hipermédia mútuas.

Cada sítio Web tem a sua própria página inicial, que é designada por página inicial ou home page.

Um nó normal da Web envia o recurso multimédia solicitado apenas quando solicitado pelo cliente. Na WWW, existem nós Web que podem enviar informações actualizadas por si próprios se o cliente se registar e subscrever.

Numerosos sítios e páginas Web são armazenados numa multiplicidade dos chamados servidores WWW, ou seja, computadores nos quais está instalado um software especial.

Os utilizadores que têm acesso à rede recebem e visualizam informações de páginas Web com a ajuda de programas-clientes para a World Wide Web, que são especificamente designados por Web-browsers (navegadores, browsers).

Para receber uma página, o navegador envia um pedido através da rede informática para o servidor Web onde está armazenado o recurso multimédia pretendido. Em resposta ao pedido, o servidor envia ao utilizador a página Web pretendida ou uma mensagem de rejeição, se esta não estiver disponível por um motivo ou outro. A interação cliente-servidor ocorre de acordo com determinadas regras ou, por outras palavras, com o protocolo de aplicação. O protocolo adotado na WWW chama-se HyperText Transfer Protocol, abreviado como HTTP.

O documento Web pode conter texto formatado, gráficos e ligações de hipertexto a vários recursos da Internet. Para concretizar todas estas possibilidades e garantir a independência dos recursos multimédia da World Wide Web em relação ao software do sistema do computador pessoal em que serão visualizados, foi desenvolvida uma linguagem especial. Chama-se HyperText Markup Language (HTML) ou linguagem de marcação de hipertexto.

Um documento HTML é um ficheiro em formato de texto que contém um conjunto de comandos (etiquetas) que especificam a informação que uma página Web contém e de que forma. Na maioria das vezes, um ficheiro HTML contém o texto que é colocado numa página Web.

Algumas etiquetas descrevem a forma como o texto é formatado, outras indicam os objectos multimédia incorporados e outros componentes do documento Web. Todos os objectos multimédia e outros componentes de uma página Web são armazenados em ficheiros externos separados. Existem etiquetas especiais para criar ligações de hipertexto.

Cada ficheiro na Internet tem também o seu próprio endereço único. Chama-se URL. URL (Universal Resource Locator). O URL contém o nome do protocolo de acesso ao ficheiro, o endereço do computador com a indicação do programa servidor a executar nesse computador e o caminho completo para o ficheiro.

Capítulo 5.

Desenvolvimento de recursos multimédia

§ 5.1 Requisitos para os professores que desenvolvem e utilizam recursos multimédia

A utilização de tecnologias multimédia modernas e de instrumentos de aprendizagem especializados baseados em informações diversas não pode ter um efeito adequado no sistema de ensino secundário geral sem a formação de professores devidamente preparados. Um professor moderno deve possuir todos os conhecimentos, competências e aptidões necessárias para o exercício eficaz da sua atividade profissional com a utilização de recursos multimédia de qualidade.

O ensino eficaz de crianças em idade escolar com a utilização de recursos multimédia será concretizado se um professor moderno possuir:

- competências pedagógicas gerais;
- competências em ferramentas multimédia e tecnologias multimédia;
- competências de aplicação das tecnologias da informação e das telecomunicações e das tecnologias multimédia no sistema de ensino secundário geral.

Os professores que trabalham no sistema de ensino secundário geral devem saber onde e como encontrar recursos multimédia educativos nas redes de telecomunicações, ser capazes de utilizar essas redes em vários aspectos do ensino e da aprendizagem, saber como apresentar o conteúdo das disciplinas educativas através de tecnologias multimédia e como aplicar ferramentas multimédia no ensino dos alunos.

O domínio efetivo do potencial educativo das ferramentas multimédia pressupõe uma formação adequada do professor, que deve basear-se nas seguintes disposições

- aprender a trabalhar com recursos multimédia educativos faz parte do conteúdo da formação de professores;
- As ferramentas de aprendizagem multimédia são apenas um instrumento para resolver problemas, a utilização dessas ferramentas e tecnologias não deve tornar-se um fim em si mesmo;
- A utilização de ferramentas multimédia amplia as capacidades de resolução de problemas do pensamento humano;
- A formação multimédia é um método de construção de mentalidades.

À medida que as modernas tecnologias multimédia são introduzidas no ensino secundário geral, a cultura da escola e o papel do professor no processo de aprendizagem estão a mudar. Devido à ênfase na aquisição autónoma de conhecimentos, a orientação consultiva e correctiva da atividade de ensino do professor é intensificada. Nas condições de excesso de informação científica e educativa fornecida aos estudantes pelas modernas tecnologias multimédia, aumentam os requisitos para a formação profissional do professor no domínio das disciplinas académicas básicas e afins. As exigências em matéria de qualidades pessoais, culturais gerais e comunicativas dos professores também aumentam significativamente.

Muitos professores ainda sentem uma barreira psicológica significativa antes de dominarem a tecnologia informática e utilizarem recursos multimédia no ensino, que é geralmente mascarada por dúvidas sobre as possibilidades pedagógicas das ferramentas multimédia e das tecnologias multimédia. Por vezes, esta subestimação explica-se por uma familiaridade superficial com a essência dos processos de informatização da educação.

Mesmo uma análise superficial mostra que, na maioria das vezes, a introdução de multimédia no processo de ensino é entendida como uma simples transposição do conteúdo conhecido pelo professor e a sua apresentação aos alunos com a ajuda de ferramentas informáticas. É óbvio que esta abordagem não aproveita as enormes oportunidades de ativação do pensamento figurativo visual e teórico das crianças em idade escolar.

Um dos problemas prioritários na via da informatização prática da educação e da utilização generalizada de recursos educativos de aprendizagem multimédia é a formação do pessoal docente. Existem várias tarefas prioritárias, cuja solução pode ter um efeito positivo no processo de formação de professores modernos preparados para utilizar recursos multimédia no ensino. Em particular, é necessário criar um sistema a vários níveis de desenvolvimento profissional dos professores.

Do ponto de vista da informatização da educação, é razoável dividir todos os professores em duas categorias principais: professores-utilizadores de recursos multimédia prontos e professores-desenvolvedores de ferramentas multimédia para uso pedagógico. No decurso da formação da prontidão descrita, a primeira categoria de professores deve ser orientada para a formação até ao nível do utilizador final. Um professor deve dominar competências informáticas elementares, ter uma primeira ideia dos pacotes de software de uso geral mais comuns, aprender a trabalhar com editores de texto, folhas de cálculo, aprender a trabalhar com recursos multimédia já prontos e conhecidos para a sua área temática, bem como sistemas de interação de telecomunicações com colegas e alunos, meios de acesso a fontes globais de informação multimédia.

O curso de palestras sobre os fundamentos psicológicos e pedagógicos das tecnologias da informação e da educação é recomendado para professores-utilizadores que pretendam utilizar ferramentas multimédia no ensino. A implementação prática de um curso deste tipo causa muitas dificuldades, uma vez que o seu conteúdo se situa na intersecção das disciplinas do ciclo psicopedagógico e das disciplinas relacionadas com o software e o hardware das tecnologias informáticas e de telecomunicações.

A formação da segunda categoria de educadores, que inclui os professores que desenvolvem os seus próprios recursos multimédia, deve aproximar-se do nível de formação dos utilizadores qualificados ou mesmo dos programadores. Isto é essencial para compreender e conceber racionalmente a estrutura dos recursos multimédia. É extremamente importante que os professores-criadores aprendam, no âmbito dos seus cursos de formação profissional ou por conta própria, tanto as noções básicas de conceção e utilização de ferramentas de aprendizagem multimédia como as noções básicas de pedagogia e psicologia necessárias.

Ao desenvolver recursos multimédia, deve ter-se em conta que as equipas criativas com a participação de programadores de sistemas e aplicações, psicólogos, designers e especialistas em ergonomia são uma condição necessária, mas não suficiente, para um desenvolvimento de qualidade. O conceito principal, o conteúdo e a ideia de um recurso multimédia educativo devem ser propostos e melhorados pelo professor da disciplina. O professor, por sua vez, tem de adaptar as suas ideias e conceitos às capacidades específicas do hardware e do software utilizados e ao nível de formação profissional da equipa de desenvolvimento.

Dado que os recursos multimédia utilizados no ensino não são apenas ferramentas pedagógicas, mas também de software, é impossível transferir o conteúdo do curso através deles sem uma estruturação cuidadosa do material didático. Assim, para a conceção racional de ferramentas de aprendizagem multimédia para todo o curso, os professores-desenvolvedores precisam de ter uma visão holística estrutural e sistémica do material da disciplina académica, ferramentas e tecnologias especializadas para conceber o conteúdo das ferramentas de aprendizagem multimédia de acordo com as estruturas identificadas do conteúdo das áreas educativas típicas do sistema de ensino secundário geral.

Os professores das escolas que participam ativamente no desenvolvimento e na utilização de ferramentas multimédia devem ter um nível suficiente de preparação para utilizar ferramentas de informatização educativa no processo de ensino.

Os requisitos para um professor que utiliza ferramentas multimédia no ensino de crianças em idade escolar devem consistir em requisitos tradicionais para qualquer professor e requisitos específicos relacionados com a utilização de tecnologias da informação modernas no processo de informatização das actividades educativas.

Os requisitos tradicionais incluem:

- Organização (planificação do trabalho, mobilização dos formandos, etc.);
- didática (competências específicas para selecionar e preparar o material e o equipamento didático; apresentação acessível, clara, expressiva, convincente e coerente do material didático; estímulo do desenvolvimento dos interesses cognitivos e das necessidades espirituais);
- percetivo (que se manifesta na capacidade de penetrar no mundo espiritual dos educandos, de avaliar objetivamente o seu estado emocional, de identificar as particularidades da psique);

- comunicativo (capacidade de estabelecer relações pedagogicamente adequadas com os alunos, os pais, os colegas, os directores dos estabelecimentos de ensino);
- Sugestivo (influência emocional e volitiva sobre os alunos);
- investigação (capacidade de reconhecer e avaliar objetivamente situações e processos pedagógicos);
- científicos e cognitivos (capacidade de assimilação dos conhecimentos científicos no domínio escolhido);
- matéria (conhecimento profissional do objeto de estudo).

No caso da utilização de ferramentas multimédia educativas modernas, esses requisitos são significativamente transformados. Ao mesmo tempo, existem requisitos específicos necessários ao trabalho com meios modernos de informatização e recursos multimédia. Estes requisitos incluem, por exemplo, o conhecimento das propriedades didácticas do professor e a sua capacidade de utilizar ferramentas de aprendizagem multimédia.

É aconselhável publicar edições especializadas destinadas a estimular o interesse da comunidade docente pelos problemas de desenvolvimento e aplicação das modernas tecnologias multimédia. Estas publicações devem ser dirigidas a um vasto leque de especialistas:

professores de todas as áreas e níveis de formação, administradores do ensino secundário geral;

Professores de metodologia de diferentes disciplinas;

especialistas em vários domínios da informática, como a interface homem-computador, as aplicações gráficas, a inteligência artificial, a informática, as telecomunicações;

psicólogos;

ergonomistas;

sociólogos;

linguistas.

É óbvio que estas publicações podem e devem tornar-se um centro de intercâmbio de experiências, de desenvolvimento e de transferência de conhecimentos e competências, um elo que une as actividades de todos os que estão envolvidos no desenvolvimento e na aplicação prática das modernas ferramentas e recursos multimédia.

Um dos métodos activos mais eficazes para os futuros e actuais professores dominarem os meios de apresentação multimédia da informação são os projectos baseados na construção de recursos multimédia educativos.

Entre os muitos objectivos da construção e utilização de recursos multimédia na formação de professores para o ensino secundário geral, podem distinguir-se dois grupos principais:

formação das competências tecnológicas dos professores para trabalhar com ambientes de telecomunicações modernos e recursos multimédia;

formação de competências na aplicação das tecnologias multimédia na educação dos alunos.

Para explicar a seleção de tais grupos, notamos que, em primeiro lugar, o professor deve adquirir as competências tecnológicas de utilizador necessárias para trabalhar com recursos multimédia e sites da Internet: a utilização das principais ferramentas de software populares (como o Front Page, o Internet Explorer, o Netscape Navigator, o Outlook Express, etc.), motores de busca e catálogos de recursos multimédia. Em segundo lugar, não menos importantes e essenciais são as competências intelectuais para trabalhar com informações de vários tipos: a capacidade de encontrar propositadamente a informação multimédia necessária, de ver a informação como um todo e não em fragmentos, de avaliar várias técnicas psicológicas do impacto de uma informação específica no aluno, de distinguir a argumentação correcta, de refletir criticamente sobre a informação, de a guardar e utilizar nas actividades profissionais; de processar e apresentar o conteúdo dos recursos multimédia da Internet; de conduzir a formação a um nível profissional elevado

Durante a formação, os educadores devem aprender as regras básicas que devem ser consideradas no desenvolvimento de ferramentas de aprendizagem multimédia. Estas incluem:

- inclusão, nas ferramentas multimédia educativas, de dicas, comentários e explicações substantivas e metodológicas de várias situações simuladas;
- assegurar, durante a utilização pedagógica da informação multimédia, a fase de aprendizagem com objectivos variáveis em cada fase, partindo da formação de ideias gerais sobre as tecnologias multimédia e as telecomunicações e terminando com a formação das competências do aluno para apresentar autonomamente esta ou aquela informação multimédia, a formação de uma cultura geral da informação;
- Orientar as ferramentas e os recursos multimédia para o ensino de competências tecnológicas e intelectuais de forma personalizada,
- orientação sobre a formação da capacidade de resistir ao impacto negativo das tecnologias da informação;
- utilização de ferramentas multimédia que aumentem a visibilidade e respondam às exigências ergonómicas;
- definição clara da posição do professor no decurso da utilização prática individualizada dos recursos multimédia: a escolha das tarefas de aprendizagem e das técnicas mais adequadas aos diferentes grupos de alunos, tendo em conta as características individuais dos alunos e as características psicológicas da sua

perceção da informação, as características do grupo e a natureza da entreajuda;

- A distância entre o professor e o aluno e as discussões de problemas com o professor no papel de facilitador; preservação máxima do modo interativo, resolução de tarefas educativas a um ritmo individual.

§ 5.2 Formação de conteúdos didácticos e sistema de conceitos. Thesaurus

A seleção de conteúdos educativos e, consequentemente, a seleção dos conteúdos dos recursos multimédia educativos é atualmente um problema complexo e atual que atrai constantemente a atenção de cientistas, metodólogos e professores. Existe um grande número de abordagens diferentes ao ensino, no processo de desenvolvimento e implementação das quais se desenvolve uma linguagem específica das disciplinas educativas, se identificam os conceitos básicos das áreas educativas, se determina o conteúdo e a estrutura do ensino. A solução para o problema da seleção de conteúdos é complicada pelo facto de, hoje em dia, no ensino de quase todas as disciplinas, para além dos manuais e dos materiais didácticos, ser necessário desenvolver ferramentas de informatização que visem a utilização integrada da tecnologia informática no processo de aprendizagem.

A primeira questão que deve ser resolvida é a distinção entre as interpretações dos conceitos de área temática e de domínio educativo, que deve ser o ponto de partida para a apresentação posterior.

Ao longo da história da pedagogia, é estudada a correlação entre a ciência e a matéria de ensino, a formação de critérios para a seleção de material didático com base na análise metodológica do estado e das perspectivas de desenvolvimento dos ramos científicos da matéria. O objeto de ensino não é o resultado da projeção do ramo científico em causa na aprendizagem, mas sim o resultado do tratamento didático de um determinado sistema de conhecimentos, competências e capacidades necessárias para o domínio das actividades intelectuais, materiais-práticas, sociais ou espirituais.

A área temática é um conjunto de conceitos, conhecimentos e ideias de um ramo científico ou de um ramo da atividade humana. Ao mesmo tempo, o domínio educativo é entendido como um subconjunto da área disciplinar, tomado como base para o conteúdo das actividades educativas e adaptado à especificidade psicológica e etária do contingente de alunos.

A abordagem à formação do conteúdo de uma área educativa fixa, significativa para a construção do conteúdo dos recursos multimédia, reduz-se às seguintes fases principais:

1. Definir a atividade objeto da atividade educativa e cognitiva projectada: delinear o leque de objectos envolvidos na atividade cognitiva e estabelecer uma lista de conceitos, problemas e métodos na perspetiva dos quais o leque de objectos seleccionados será estudado;

2. Formular os padrões a aprender no âmbito da disciplina académica;

3. Avaliar a correlação entre os componentes do sistema de conhecimento relacionados com a descrição, explicação dos fenómenos estudados, justificação das regularidades

formuladas, com a realização de acções cognitivas, prescrições;

4. Formular disposições gerais sobre os conhecimentos em que se baseará a disciplina educativa formada;

5. Formular uma lista de tarefas, cujo cumprimento servirá de critério para dominar o conteúdo da disciplina académica;

6. Formular uma lista de tarefas significativas do ponto de vista do desenvolvimento de uma determinada atividade profissional pedagógica.

É necessário seguir a seguinte tecnologia indicativa, passo a passo, de formação do conteúdo da disciplina:

1. Centrando-se em obras científicas modernas (monografias, artigos, etc.) sobre o tema de estudo, é necessário construir uma estrutura lógica do conteúdo desta secção da ciência;

2. Articular os princípios da seleção de conteúdos;

3. Com base nestes princípios, selecionar o número necessário de elementos de aprendizagem a partir da estrutura de conteúdos formada, construir uma estrutura lógica da disciplina (área educativa) e certificar-se de que os elementos de aprendizagem obtidos não são excessivos e são suficientes para atingir os objectivos de aprendizagem.

Para além dos passos acima referidos para a formação do conteúdo da área educativa, é necessário planear o estudo dos possíveis níveis de assimilação do material de conteúdo, justificar a ausência de sobrecarga nas actividades dos alunos, desenvolver o material didático necessário, apresentando-o com a ajuda de tecnologias multimédia.

Um elemento essencial da formação do conteúdo dos recursos multimédia é a estruturação do domínio educativo. Um dos métodos possíveis neste caso é utilizar o domínio educativo como base de conteúdo para estruturar um conjunto de conceitos, cujo conteúdo deve constituir a base da ferramenta multimédia a criar.

O desenvolvimento de um sistema de conceitos educativos é um ponto-chave no processo de seleção e formação do conteúdo de uma disciplina educativa, bem como na utilização do conteúdo selecionado no desenvolvimento de ferramentas multimédia. É de salientar que os problemas de seleção correcta de conceitos são enfrentados por especialistas que trabalham em quase todos os domínios científicos relacionados com o processo educativo moderno.

Um conceito é uma ideia geral logicamente formada ou uma ideia sobre uma classe de objectos ou fenómenos. Ao mesmo tempo, um termo é uma palavra ou frase que exprime um conceito especial que está correlacionado com outros conceitos numa determinada área temática e tem uma definição científica única.

Os seguintes factores devem ser considerados no processo de seleção do termo:

- é necessário relacionar corretamente o termo, tão inequivocamente quanto possível, com o seu equivalente lexical;

- um termo não pode ser libertado do contexto geral em que é utilizado;

- Para uma correcta compreensão de um termo é necessário conhecer a sua estrutura morfológica, as características semânticas que o distinguem das palavras habitualmente utilizadas, os principais tipos de termos, as suas características estruturais e a especificidade da sua utilização.

A definição preliminar dos sistemas de conceitos do domínio educativo ou do seu subconjunto selecionado para a criação de um recurso multimédia deve ser o primeiro passo na definição do conteúdo de aprendizagem. O desenvolvimento de tal sistema, por sua vez, consiste em duas componentes integrais: a definição dos próprios conceitos, que são o "quadro" de todo o material educativo, e o desenvolvimento da sua estrutura - a identificação de ligações entre conceitos individuais.

Deve ter-se em conta que a formação de conceitos (ou a sua assimilação) pressupõe a capacidade do sujeito para organizar a atividade de identificação das propriedades inerentes a alguns objectos ou ideias reais. A capacidade de formar conceitos consiste na capacidade de descobrir as propriedades inerentes a uma determinada classe de objectos ou ideias. A orientação para a correcta formação de conceitos no aluno é uma das principais componentes da formação dos conteúdos de qualquer área educativa.

Um papel importante na cognição é desempenhado pelos conceitos gerais (categorias), que são considerados como conceitos iniciais indefinidos através de outros conceitos. Na lógica e na teoria dos sistemas, as categorias são conceitos como objeto, propriedade, relação, juízo, inferência, verdade, sistema, ambiente, área temática, etc.

A seleção de cada conceito deve ter em conta indicadores importantes, tais como:

- relevância cognitiva e valor didático;

- correspondência com o conteúdo da ciência e o seu lugar no seu sistema teórico;

- Acessibilidade para os alunos;

- adequação das formas materializadas de expressão de um conceito ao seu conteúdo e interpretação;

- inter-relação com outros conceitos importantes no domínio da educação;

A capacidade de funcionar de forma óptima no treino.

Consideremos alguns passos para a construção de um sistema de conceitos, cuja utilização seria possível na criação de recursos multimédia. Para construir um sistema deste tipo, é necessário identificar um modelo lógico-natural da área de estudo. Esta tarefa não pode ser resolvida através de uma disciplina académica específica. É resolvida por um perito com base no conhecimento da teoria de uma determinada área temática como ciência: um sistema de conceitos para uma determinada área educativa só pode ser escolhido com base num sistema científico de conceitos, sendo uma parte do mesmo.

O modelo lógico-natural contém a informação mais completa sobre a imagem de um determinado conceito em evolução. No entanto, algumas destas informações podem ser fornecidas de forma implícita. Em contrapartida, o modelo concetual permite revelar plenamente tanto o conteúdo do conceito definido como a forma de nele incluir os conceitos definidores. É de notar que, já nesta fase, se coloca a questão da estruturação dos conceitos e da revelação das ligações entre eles, mesmo que apenas com base no princípio "pai" - "descendente".

A construção de um sistema correto de conceitos ajuda a simplificar tanto o conteúdo da área educativa como a tecnologia da sua definição. No entanto, um sistema de conceitos "sobrecarregado", com um elevado grau de aninhamento de termos, pode também desempenhar um papel negativo, complicando e "confundindo" muito o conteúdo. Em princípio, é possível construir a estrutura do domínio educativo, levando a divisão a axiomas indefiníveis. Ao mesmo tempo, esta divisão torna a estrutura demasiado pesada. É óbvio que o número de níveis ou a complexidade da estrutura concetual devem ser determinados em cada caso específico, com base nos objectivos de aprendizagem e, eventualmente, nas especificidades e finalidades de aplicação das ferramentas multimédia educativas que estão a ser desenvolvidas.

Os conceitos e os vários tipos de relações entre eles são designados por thesaurus. Mais precisamente, um tesauro é entendido como um conjunto de elementos expressivos de significado (palavras, combinações de palavras, etc.) de uma determinada língua com relações semânticas especificadas.

De uma forma simplista, um tesauro pode ser entendido como uma forma específica de especificar um conjunto de conceitos e de relações entre eles. Por exemplo, o tesauro tradicional de língua geral foi descrito logo no dicionário de Roget. A chave do tesauro tradicional é um dicionário alfabético, em que, para cada palavra, são indicadas as rubricas que a contêm (e, por conseguinte, também as palavras que são sinónimas dos dados). A estrutura de divisão dos títulos em subtítulos define relações genéricas sobre o conjunto de palavras. O conceito de tesauro (do grego She/aigsh - tesouro, riqueza, stock) chegou à pedagogia a partir da lexicografia, onde surgiu em ligação com a criação de dicionários monolingues em que as palavras são agrupadas por ninhos semânticos.

A formação de tesauro de áreas educativas necessárias para a criação do conteúdo dos recursos multimédia pode ser realizada de acordo com as seguintes etapas.

1. Identificação dos principais conceitos do domínio da educação com base na análise da literatura, sua definição e compilação de uma lista de conceitos, eventualmente sob a forma de uma simples lista alfabética.

2. Identificação de conexões entre conceitos, determinação de critérios para a sua classificação, consideração de conexões de acordo com diferentes critérios de composição de relações.

3. Compilação de um thesaurus - uma descrição interligada das relações entre conceitos.

4. Construção de um modelo do sistema de conceitos sob a forma de uma estrutura

hierárquica.

5. Identificar a necessidade de aumentar as definições devido à conceção de relações entre conceitos.

6. Verificação do fecho semântico, da coerência e da exequibilidade da estrutura concetual construída.

7. Adaptação e clarificação do sistema de conceitos do domínio educativo, desenvolvimento das disposições conceptuais necessárias para determinar o conteúdo e o desenvolvimento dos instrumentos de aprendizagem.

Os thesauri formados devem tornar-se uma espécie de matéria-prima para a construção subsequente de estruturas de domínios educativos e para o seu processamento, a fim de construir recursos multimédia educativos.

Na construção de um tesauro de uma área educativa e na sua utilização na criação de recursos multimédia, a escolha de uma relação de ligação é determinada pelos objectivos, forma e contexto da sua posterior aplicação no processo educativo no sistema de ensino secundário geral.

§ 5.3 Desenvolvimento de recursos hipermédia educativos

A utilização de tecnologias de hipertexto na construção de ferramentas multimédia educativas pode ser estreitamente relacionada com as abordagens descritas para a construção de thesaurus. Hierarquias de conceitos com um glossário (lista alfabética), comentários e informação hipermédia adicional são thesauri de domínios educativos. Um tesauro deste tipo é quase idêntico a um tesauro hipermédia: em ambos os casos, trata-se de um conjunto de conceitos, de ligações entre eles e de alguma informação adicional.

Neste contexto, o processo de obtenção de um recurso hipermédia educativo (e mesmo de um manual escolar tradicional "em papel") pode ser reduzido a um processo suficientemente formalizado e processável por computador de percorrer a estrutura hierárquica com a geração, para cada nó da árvore (conceito do tesauro), de um artigo informativo correspondente contendo hiperligações de acordo com as arestas da hierarquia (ligações entre conceitos do tesauro) e informações apresentadas em ficheiros multimédia adicionais. Neste caso, o nome do nó da hierarquia deve coincidir com o título do artigo hipermédia do tesauro, que, por sua vez, deve ser idêntico ao título do artigo de informação correspondente.

Ao construir e editar a hierarquia e a lista alfabética, é possível utilizar nomes sem restrições para definir os conceitos do domínio educativo. Podem ser palavras, frases e até mesmo frases completas. Neste caso, estes nomes "verbosos" dos nós serão utilizados para os títulos dos tesauro e dos artigos de informação dos hipermédia.

O thesaurus de um domínio educativo, que contém uma multiplicidade de conceitos e as ligações entre eles, representa a base semântica que deve ser comunicada ao aprendente como resultado do processo de aprendizagem. A este respeito, o conteúdo de qualquer suporte de aprendizagem, incluindo os recursos multimédia, deve ser construído em estrita conformidade com essas hierarquias de informação. No entanto, a prática mostra que isto não é suficiente para um processo de aprendizagem normal. Há necessidade de materiais multimédia educativos adicionais, com a ajuda dos quais as características da base de informação contida no tesauro do domínio educativo possam ser levadas ao aprendente. O conteúdo, o volume e o tipo desse material multimédia devem variar em função não só das especificidades do domínio educativo, mas também das características individuais de um determinado contingente de alunos.

É necessário completar os elementos da estrutura hierárquica com vários objectos de informação construídos de acordo com os princípios dos hipermédia e multimédia. Mais precisamente, cada vértice da estrutura hierárquica tem um conjunto de atributos, que incluem parâmetros do vértice, comentários e um conjunto de ficheiros adicionais ligados ao vértice. Os ficheiros adicionais podem ser ficheiros de quase todos os formatos de informação conhecidos e conter informação multimédia - texto simples ou formatado, desenhos, esquemas, tabelas, diagramas, fotografias, gravações áudio ou vídeo, perguntas ou variantes de respostas a testes, etc. A presença ou ausência de ficheiros anexos não afecta de forma alguma a estrutura dos conceitos, mas representa, juntamente com eles, um sistema de componentes de informação necessários para o desenvolvimento de recursos multimédia educativos. O conteúdo dos ficheiros anexos é utilizado para compor o conteúdo da página hipermédia do recurso multimédia correspondente a um determinado conceito da hierarquia.

Para além dos requisitos normais impostos a qualquer recurso hipermédia, as ferramentas multimédia educativas criadas com a ajuda de thesauri devem também obedecer a requisitos especializados, que são cumpridos no tratamento de hierarquias. Em particular, numa ferramenta hipermédia, para além das páginas de informação e, eventualmente, de um índice, deve existir uma página com a estrutura do conteúdo da ferramenta, o chamado mapa, que é uma hierarquia de títulos de todas as páginas do recurso multimédia educativo ou um índice estruturado. Cada elemento desta hierarquia deve ser uma hiperligação para a página correspondente do recurso multimédia em desenvolvimento.

Na construção de ferramentas hipermédia educativas, as particularidades da construção e de todas as outras páginas dessas ferramentas são reguladas, o que forma um sistema de navegação hipertextual. O título de cada página hipermédia contém o nome do topo correspondente da estrutura hierárquica, que é um elemento do thesaurus do domínio educativo. Todas as hiperligações destinadas à navegação através da ferramenta multimédia devem ser agrupadas no ecrã em três grupos principais.

O primeiro grupo (o grupo "pai") contém uma única hiperligação para a página correspondente ao vértice pai em relação à página do vértice em questão. Por outras palavras, este grupo contém uma hiperligação para uma página sobre o conceito englobante. O facto de este grupo conter sempre apenas uma hiperligação deve-se às peculiaridades anteriormente descritas da organização de dados sob a forma de uma árvore hierárquica, em que cada vértice não pode ter mais do que um pai. Daqui resulta que o grupo de "pais" nunca pode estar vazio (o que contrariaria a propriedade de conetividade da árvore), exceto, talvez, o primeiro, a página de título principal de uma ferramenta hipermédia educativa, embora, regra geral, contenha ligações a outros recursos multimédia mais abrangentes.

O segundo grupo (o grupo dos "filhos") contém hiperligações para páginas cujo conteúdo clarifica ou complementa o conteúdo da página atual. Na estrutura hierárquica dos conceitos, estas hiperligações correspondem a nós descendentes para os quais o nó dado é o pai. Esta seleção de hiperligações dá origem a uma metodologia bastante conveniente de visualização de páginas de hipertexto, quando o aprendente não procede à consideração do material de um nível inferior. Se o conteúdo do atual artigo de informação em hipertexto não lhe interessar ou lhe parecer desconhecido e, pelo contrário, se o material do artigo em hipertexto lhe parecer útil ou interessante, o utilizador pode utilizar títulos explicitamente prescritos e agrupados de artigos em hipertexto que contenham material mais detalhado sobre esta área de informação. Pode haver situações em que o grupo "filhos" não contenha uma única hiperligação. O facto de este grupo estar vazio indica que o aprendente atingiu a folha da hierarquia hipertextual correspondente. Por outras palavras, para o conteúdo de um artigo de hipertexto que tenha um conjunto vazio de hiperligações no grupo "filhos", não é fornecido qualquer material de esclarecimento ou suplementar nesta ferramenta hipermédia educativa.

E, finalmente, o terceiro grupo (o grupo dos "irmãos") de hiperligações aponta para páginas cuja informação tem o mesmo nível semântico que a página dada, o que corresponde aos vértices - irmãos na hierarquia. Por outras palavras, este grupo contém uma lista de títulos de artigos de hipertexto que contêm, em relação à página atualmente visualizada, material de significado semelhante ou material sobre um "assunto" relacionado. Assim, para se familiarizar com todos os conceitos - representantes deste nível da hierarquia, o aprendente só precisa de ver sequencialmente todas as "páginas-irmãs", que são indicadas por hiperligações do terceiro grupo. O grupo de "irmãos" não pode estar vazio, porque contém sempre pelo menos uma hiperligação especialmente marcada para a página que está a ser visualizada no momento. Isto fornece ao aprendente informação adicional sobre a posição da página que está a visualizar na hierarquia semântica "pai" - "irmãos" - "filhos".

Esta distribuição das hiperligações nas páginas do suporte hipermédia educativo permite-nos falar da existência do princípio da mudança dinâmica das hiperligações durante a transição de uma página de hipertexto para outra. Quando se muda o nível semântico (em relação à ordem semântica estabelecida pela hierarquia original dos conceitos) associado às transições do utilizador entre páginas de hipertexto, o sistema de hiperligações visualizado no ecrã muda: continua a ter os três grupos acima mencionados, mas as próprias hiperligações deslocam-se entre os grupos ou desaparecem do ecrã por serem irrelevantes para este nível semântico. Por exemplo, quando se acede a qualquer uma das hiperligações do grupo "filhos", a hiperligação do grupo "pai" é substituída por uma hiperligação para a página de hipertexto que acabou de ser visualizada, as hiperligações do grupo "irmãos" são substituídas por um conjunto de hiperligações que antes da transição se destacavam no grupo "filhos". Por sua vez, o grupo dos "filhos" é completamente atualizado de acordo com a estrutura da subárvore correspondente da hierarquia associada ao topo, que é a imagem do conceito do tesauro, cujo significado é revelado no artigo informativo atual da ferramenta hipermédia educativa.

A utilização deste princípio na geração automática de recursos multimédia permite que os alunos naveguem facilmente através da informação que lhes é oferecida: ao estudar um material multimédia específico, podem, se necessário, estudá-lo em pormenor, consultar a descrição de conceitos semelhantes ou ir para o material de conteúdo mais abrangente. É óbvio que esta metodologia de trabalho com informação multimédia visa aumentar a individualização do processo de aprendizagem no sistema de ensino secundário geral.

Para além disso, professores e alunos têm à sua disposição um algoritmo de visualização de todas as páginas de uma ferramenta hipermédia educativa, em que todas as páginas - filhos - são visualizadas durante uma página, sendo depois feita uma transição para a página-irmão. Se a visualização das páginas-irmãos e das suas subárvores correspondentes terminar, é feita a transição para a página-mãe e o ciclo de visualização repete-se para a página-irmão da página-mãe. Ao estudar um conceito através da leitura do artigo informativo correspondente, o aprendente vê a lista de conceitos relacionados, o conceito englobante e os conceitos subordinados em significado ao conceito estudado. Ao navegar no recurso multimédia desta forma, o aprendente não só se familiariza com toda a informação hipermédia, como também obtém uma imagem completa das relações semânticas interconceptuais para a área educativa em questão.

É óbvio que a criação de ferramentas hipermédia educativas com tais propriedades não está de modo algum ligada às peculiaridades das áreas educativas, conteúdos e outros componentes dos sistemas metodológicos de ensino existentes no ensino secundário geral. Independentemente dos tipos de disciplinas escolares ou dos tipos de actividades educativas típicas de uma escola moderna, a sua informatização torna-se possível com base em ferramentas hipermédia que aplicam o princípio descrito de mudança dinâmica de hiperligações. Neste caso, professores e alunos dispõem de um único princípio invariante de navegação nas ferramentas de informatização, um único princípio de seleção e visualização da informação multimédia, um único princípio de funcionamento das ferramentas multimédia e um único princípio de utilização das ferramentas de informatização correspondentes no processo de aprendizagem.

Ao utilizar a tecnologia descrita, a construção e a mudança operacional de um recurso multimédia educativo ocorre no modo de trabalhar com um modelo hierárquico da sua estrutura de conteúdo e o seu processamento subsequente. A automatização dos processos de criação e adaptação de ferramentas de aprendizagem hipermédia permite substituir o trabalho habitual de escrita de textos em línguas especiais pela criação de estruturas hierárquicas e dos seus correspondentes suplementos de informação hipermédia. Qualquer alteração posterior do conteúdo de um recurso multimédia reduz-se a uma correção explícita da sua estrutura ou à junção da hierarquia existente dos elementos hipermédia de informação necessários e à subsequente "remontagem" do recurso multimédia.

§ 5.4 Conceber e desenvolver a interface dos recursos multimédia educativos

O desenvolvimento do design e da interface dos recursos multimédia educativos é tão importante como a formação do conteúdo dessas ferramentas.

As observações efectuadas por professores e psicólogos mostram que a eficácia dos programas de aprendizagem por computador é determinada em grande medida pela natureza da interface do software. A conceção dos recursos multimédia tem o impacto mais direto na motivação dos alunos, na rapidez de perceção do material, no cansaço e em vários outros indicadores importantes. Por conseguinte, a conceção da interface do ambiente de aprendizagem não deve ser desenvolvida a um nível intuitivo. Exige uma abordagem sistemática cientificamente fundamentada, equilibrada e bem pensada.

As recomendações para a configuração da interface das ferramentas multimédia educativas podem ser divididas em vários grupos principais:

- recomendações sobre a aplicação de uma abordagem sistemática à conceção de recursos multimédia;
- recomendações sobre a estrutura e o conteúdo dos elementos principais de aprendizagem;
- recomendações sobre a organização dos sistemas de pesquisa, navegação e hiperligações;
- recomendações para ter em conta as características fisiológicas da perceção das cores e das formas pelos alunos;
- recomendações sobre a utilização de elementos de conceção.

A abordagem sistémica da formação de interfaces é a base do design sistémico - um tipo especial de design criativo, que inclui no recurso multimédia criado todos os factores que, de alguma forma, influenciam o processo do seu desenvolvimento e criação, as condições do seu funcionamento subsequente no sistema de ensino secundário geral. A condicionalidade lógica de cada passo subsequente na cadeia permite-nos garantir com a maior probabilidade uma solução adequada para o eterno problema do design - a relação entre o utilitário (eficiência, economia, conforto) e o belo (expressividade estética, imagética, capacidade de evocar emoções e associações positivas).

A abordagem sistémica da formação da interface permite atrair, para além dos estudos tradicionais do livro, as realizações de áreas científicas como a teoria da informação, a teoria dos documentos, a informática, a linguística de texto e outras. Isto permite-nos utilizar todo um conjunto de categorias - funcionais, estruturais, históricas, comunicativas, de componentes, de valor, sociológicas, estatísticas, etc.

O princípio da sistematicidade garante vários tipos de estruturação da informação sem perda de qualidade, utilizando as conquistas da ciência moderna dos signos e dos sistemas de signos - a semiótica. De acordo com a abordagem semiótica, cada sistema de signos, tal como um recurso multimédia, deve ser estudado no que diz respeito à atribuição de subsistemas sintácticos, semânticos e pragmáticos.

Estudos experimentais estabeleceram que:

- A dificuldade de compreensão aumenta à medida que aumenta a composição básica das palavras com mais de 3 sílabas;

- a capacidade da memória a curto prazo é de 7 ± 2 unidades (dígitos não relacionados, sílabas ou palavras não relacionadas);
- a produtividade da memorização significativa é 20 vezes superior à da memorização mecânica;
- a largura de banda do analisador visual humano é cerca de 100 vezes superior à do analisador auditivo;
- O ambiente contextual da informação subjacente afecta diretamente a velocidade e a precisão do seu reconhecimento e perceção;
- A configuração dos estímulos espaciais é importante para a representação na memória visual de curto prazo das informações sobre a localização espacial, a cor e a forma dos estímulos.

Ao desenvolver um recurso multimédia, é necessário encontrar uma combinação óptima de subsistemas sintácticos, semânticos e pragmáticos no sistema unificado de um meio multimédia, tanto em geral como em todos os níveis possíveis do seu modelo tipológico.

No projeto de conceção, o criador de uma ferramenta multimédia educativa estabelece a unidade futura da orientação do alvo, do conteúdo e das qualidades formais do objeto. Quanto menos lógico e menos funcional for o projeto desenvolvido, quanto mais diferenças houver entre a ideia e o produto obtido, menor será a eficácia do sistema. A primeira fase da conceção do sistema desempenha um papel importante. Nesta fase, são recolhidas e analisadas as informações necessárias, que determinam o centro semântico da atividade subsequente.

O conceito de design justifica os objectivos do projeto e as formas de os alcançar. É como a fundação do futuro edifício, definindo as suas possibilidades funcionais e estéticas. O aluno é sempre a força motriz do conceito de conceção de um recurso multimédia.

O programa de conceção funciona como a fase inicial da conceção. Contém os principais grupos de operações para a implementação do conceito de conceção e representa o projeto ou modelo real deste tipo de atividade.

O cenário de conceção concretiza o programa de conceção no ambiente espacial e temporal e representa o esquema do futuro recurso multimédia, que permite "jogar" todos os enredos possíveis da sua atividade de vida.

O desenvolvimento de recursos multimédia para o ensino secundário geral deve também ter em conta recomendações específicas relativas à conceção da interface. Por exemplo, para se deslocarem livremente no interior do recurso multimédia, os alunos necessitam de um tempo de resposta inferior a um segundo quando passam de uma página para outra.

Ao desenvolver um recurso multimédia, deve assegurar-se que os alunos não têm de esperar mais de 10 segundos pelo carregamento de uma página, pois este é o limite da capacidade de uma pessoa se concentrar em algo enquanto espera.

As informações básicas sobre os tempos de resposta são dadas num artigo de Robert B. Miller na Fall Joint Computer Conference, em 1968:

Um décimo de segundo (0,1) é o limite para que a resposta do sistema recebida pelo aprendente neste tempo seja percebida como instantânea, ou seja, não necessite de qualquer feedback para apresentar os resultados no ecrã. Este valor deve ser o limite de tempo de resposta nos recursos multimédia que permitem aos aprendentes mover, redimensionar e manipular elementos no ecrã em tempo real.

Um segundo (1,0) é o tempo máximo durante o qual a linha de pensamento do aluno não é interrompida, mesmo que o aluno note um atraso. Normalmente, o feedback não é necessário se os atrasos forem superiores a 0,1 e inferiores a 1 segundo, mas o aluno já não sente que está a trabalhar diretamente nos dados. Se aparecer uma nova página no espaço de 1 segundo, isso significa que o aluno não está a sofrer atrasos excessivos.

Dez segundos (10.0) é o limite durante o qual o aluno está concentrado no diálogo. Se o atraso for maior, o aluno começa a fazer outras coisas enquanto espera que o recurso multimédia termine. O aprendente continua a seguir as hiperligações se aparecerem novas páginas no espaço de 20 segundos.

O tempo de resposta deve ser reduzido ao mínimo. Mas há que ter em conta que um computador pode responder a uma velocidade que não é comparável à velocidade do aprendente. Por exemplo, uma lista de rolagem num recurso multimédia pode mover-se tão rapidamente que o aprendente pode não ser capaz de a parar a tempo de o item desejado permanecer no ecrã.

Para além da velocidade, uma pequena variação no tempo de resposta também é importante. Os tempos de resposta variam muito quando se utilizam recursos multimédia, pelo que os alunos se sentem desconfortáveis com a lentidão. A satisfação dos alunos depende não só dos tempos de resposta, mas também das expectativas dos próprios alunos. Se a mesma ação for por vezes rápida e por vezes lenta, os alunos não sabem o que esperar e, por conseguinte, não podem agir de forma a otimizar o seu desempenho. Se os formandos esperam que uma ação seja rápida, ficam confusos com o facto de ela ser lenta; por outro lado, se esperam que uma ação seja lenta, ficam mais tranquilos com o mesmo atraso. É por isso que faz sentido minimizar todas as diferenças no tempo de resposta. Se a mesma ação demorar sempre o mesmo tempo a ser executada, o aprendente saberá quanto tempo deve esperar.

Deve ajudar os formandos a prever o tempo de carregamento de páginas e ficheiros de grandes dimensões quando utilizam um recurso multimédia. Para tal, basta especificar o tamanho do ficheiro ou da página a descarregar junto à ligação. Regra geral, o tamanho deve ser especificado para ficheiros que demorem mais de 10 segundos a carregar. Vale a pena alertar para o tamanho de qualquer ficheiro com mais de 50 Kbytes.

§ 5.5 Métodos de utilização dos recursos multimédia desenvolvidos

Consideremos possíveis métodos de aplicação eficaz dos recursos multimédia obtidos como resultado da construção e do tratamento de thesauri de áreas educativas. De um modo geral, os seguintes métodos de utilização dos recursos multimédia podem ser alargados a quase todos os meios de informatização do ensino secundário geral.

É óbvio que a utilização de tais ferramentas e os correspondentes desenvolvimentos metodológicos são possíveis nos casos em que há interação dos participantes no processo educativo com diferentes tipos de informação.

Um método de ensino essencialmente novo, cuja aplicação só é possível com base em ferramentas multimédia criadas na sequência do tratamento de thesauri de áreas educativas, é o trabalho dos alunos com os conteúdos de uma mesma área educativa, cujos conceitos e termos estão estruturados segundo diferentes critérios. Para implementar esta metodologia de ensino, são construídas várias estruturas hierárquicas de conceitos para uma determinada área de ensino, cujo número varia em função dos objectivos de aprendizagem.

Estas estruturas hierárquicas podem ser identificadas de várias formas. Por exemplo, é possível utilizar critérios fundamentalmente diferentes para determinar as ligações entre conceitos quando se constrói o grafo-tesaurus inicial do domínio educativo. As operações posteriores com esses grafos são tradicionais. Como outra forma de definir várias hierarquias, pode sugerir-se que, para um grafo-tesaurus pré-construído, seja proposta a seleção de várias árvores-hierarquias possíveis, essenciais do ponto de vista da compreensão de diferentes abordagens para descrever a estrutura do domínio educativo.

Em qualquer caso, os professores têm a possibilidade de construir várias hierarquias diferentes para o mesmo sistema de conceitos educativos. Não se recomenda que se altere o conteúdo dos ficheiros com informação hipermédia adicional, construídos antecipadamente para os nós de uma dessas hierarquias, ao anexá-los aos nós da hierarquia construída de acordo com outros critérios.

A criação de ferramentas multimédia para várias estruturas hierárquicas conduzirá à criação de "produtos semi-acabados", cujo aperfeiçoamento posterior levará ao aparecimento de recursos multimédia educativos idênticos, cujo conteúdo e sistema de conceitos correspondem ao mesmo domínio educativo, mas cujas estruturas hierárquicas que determinam a disposição e as características de navegação de ambas as ferramentas multimédia serão diferentes.

No futuro, as ferramentas de aprendizagem multimédia construídas da mesma disciplina escolar são apresentadas aos formandos para o seu trabalho. Os métodos de utilização destas ferramentas podem ser diferentes consoante os sistemas metodológicos específicos, os termos e as condições de formação. Em todo o caso, o estudo do mesmo tipo de informação de conteúdo com a ajuda de recursos multimédia levará à realização de dois objectivos essenciais de tais cenários metodológicos - a familiarização dos estudantes com o conteúdo do domínio educativo e possíveis abordagens e critérios de estruturação do seu sistema concetual. Um resultado significativo desta metodologia será a formação da compreensão dos alunos sobre a influência de diferentes abordagens e critérios de seleção na estruturação da informação.

Para uma utilização prática mais completa e eficaz das ferramentas multimédia criadas como resultado do processamento do tesauro, os professores podem utilizar certas recomendações metodológicas para a preparação de material multimédia educativo.

Neste caso, o professor prepara o chamado bloco de instrução, cujo conteúdo inclui um currículo e um guia para o estudo da disciplina, centrado na composição qualitativa e na funcionalidade básica dos recursos multimédia educativos disponíveis. Em seguida, é compilada uma aula "eletrónica", cujo conteúdo é apresentado utilizando essas ferramentas. O volume de informação incluída na aula é igual ao volume de conteúdo da parte tradicional da aula escolar em que o professor explica novas matérias, e o número de blocos é igual ao número especificado no plano temático. A estrutura do conteúdo de cada aula inclui:

Uma introdução à aula, indicando explicitamente o que o aluno saberá e será capaz de fazer após a aula;

- a própria informação de aprendizagem, que é uniformemente apresentada através de recursos multimédia;
- em caso de conveniência psicológica e pedagógica, a aula pode incluir hiperligações, fragmentos de áudio e vídeo (a produção e os cenários da sua utilização são acordados separadamente), meios adicionais de informação sobre o tema da disciplina, integrados nos blocos de conteúdo da aula;
- conclusões.

O próximo passo metodológico possível para a introdução de recursos multimédia no processo de ensino poderá ser o desenvolvimento de um seminário "eletrónico" especializado. Tal como no caso de uma aula expositiva, o volume de informação de conteúdo caraterístico desse seminário deve ser aproximadamente igual ao volume de conteúdo semelhante da parte prática tradicional da aula. O número de blocos temáticos do seminário deve ser igual ao número previsto no plano temático. Cada bloco do seminário eletrónico tem a sua própria estrutura, cujos principais componentes devem ser o tema do seminário, as questões educativas consideradas e a lista de literatura utilizada.

O trabalho do professor com os recursos multimédia deve começar pela análise dos resultados do trabalho dos alunos nos respectivos blocos temáticos. Na fase seguinte, o professor deve determinar o nível de domínio de cada aluno sobre o conteúdo do material didático das secções e tópicos do bloco constituído pelas aulas e seminários "electrónicos" anteriormente descritos. Neste caso, é possível uma abordagem individual, de acordo com a qual o professor desenvolve para cada aluno tarefas particulares de preparação para o trabalho com ferramentas multimédia educativas que proporcionam controlo e medição pedagógicos.

Além disso, em função do nível de preparação dos alunos para trabalhar com ferramentas multimédia específicas, o professor escolhe o método de condução da parte prática da aula: seminário, jogo, formação, etc. Ao mesmo tempo, o professor deve ser obrigado a analisar as possibilidades de utilização de recursos multimédia de investigação e extracurriculares disponíveis devido à possibilidade de utilização de uma rede de telecomunicações. Não se excluem os casos em que a utilização de tais recursos no processo de aprendizagem pode tornar-se um fator adicional para aumentar a sua eficácia.

Ao trabalhar com todas as ferramentas multimédia, sem exceção, o professor deve comparar constantemente os objectivos e os resultados da aprendizagem dos alunos em relação aos conteúdos previstos no currículo, de acordo com o currículo.

O trabalho dos formandos com as ferramentas multimédia desenvolvidas deve começar pela documentação que as acompanha - o manual. Em muitos casos, um único estudo do manual de uma ferramenta multimédia pode ser suficiente para adquirir conhecimentos sobre as especificidades de funcionamento de outras ferramentas semelhantes. Nesta fase, o formando deve familiarizar-se com o programa de estudos e compreender os requisitos para estudar o conteúdo da disciplina, identificar a lista de ferramentas multimédia a utilizar, anotar e expressar as questões não resolvidas ao professor e obter respostas.

A metodologia racional e didaticamente fundamentada do trabalho do aluno com recursos multimédia educativos específicos pode ser reduzida às seguintes fases principais

- aprender e compreender as informações apresentadas no conteúdo das ferramentas multimédia;
- passar testes (utilizando ferramentas multimédia) em todas as áreas temáticas planeadas pelo professor;
- preparação para trabalhar com publicações interactivas e recursos multimédia que exijam uma atividade criativa ativa por parte do aprendente;
- cumprimento das tarefas individuais do professor;
- participação numa sessão de formação prática (seminário eletrónico, jogo, formação);
- participação em actividades extracurriculares relacionadas com a área temática em estudo e informatizadas através da utilização de recursos multimédia educativos.

Para além das vantagens descritas das ferramentas multimédia utilizadas na formação, não devemos esquecer uma outra possibilidade funcional e metodológica óbvia das tecnologias da informação e das telecomunicações, que traz para o processo de formação das crianças em idade escolar. A questão é que, com a utilização da metodologia tradicional e das ferramentas de ensino (manual, caderno de tarefas, ajuda visual), a taxa de aprendizagem depende principalmente das características médias do grupo de alunos. Com a utilização das capacidades descritas dos recursos multimédia, a taxa de aprendizagem depende das características individuais do aluno e aumenta devido à organização da comunicação entre o utilizador e o meio multimédia em tempo real. Ao mesmo tempo, a composição não só quantitativa, mas também qualitativa dos recursos multimédia incluídos como ferramentas de aprendizagem num determinado sistema metodológico pode ser sujeita a variações e adaptações individuais.

Estas oportunidades de individualização da aprendizagem surgem quando se utilizam recursos multimédia, bem como quando se implementam métodos de ensino especializados devido à visualização da informação educativa, ao armazenamento de grandes quantidades de informação com a possibilidade da sua transferência, ao fácil acesso de professores e alunos aos dados necessários, às actividades de recuperação de informação, à automatização do processamento dos resultados das actividades experimentais, ao controlo dos resultados da informação de aprendizagem, ao diálogo interativo uniforme especializado.

É possível destacar os principais aspectos e vantagens da utilização de ferramentas multimédia derivadas do processamento de thesauri de áreas educativas, significativas do ponto de vista metodológico:

1. Qualquer tipo de atividade de aprendizagem é acompanhada por uma introdução paralela à estrutura do conteúdo da área educativa;

2. É garantido que o material de conteúdo fornecido ao aprendente está isento de ciclos semânticos;

3. A metodologia de aprendizagem (trajetória) é determinada com base num algoritmo unificado pré-determinado de passagem sequencial das secções de conteúdo da ferramenta multimédia, correspondente ao algoritmo de passagem dos vértices da estrutura hierárquica;

4. Adquire-se uma nova possibilidade de estudo comparativo de diferentes estruturas dos mesmos conceitos, bem como do mesmo material de conteúdo estruturado de acordo com diferentes critérios;

5. A uniformidade das abordagens em matéria de seleção e apresentação dos conteúdos das disciplinas e das áreas pedagógicas, de controlo e avaliação das acções dos alunos, de construção da interface e das ferramentas tecnológicas reduz a quantidade de material necessário para dominar as regras de funcionamento das diferentes ferramentas multimédia;

6. É possível utilizar as mesmas ferramentas e tecnologias multimédia para realizar a atividade passiva dos alunos na aprendizagem de novos conteúdos e a criatividade ativa na conceção de recursos de informação.

Todas as inovações metodológicas assinaladas indicam que a utilização de ferramentas multimédia e de tecnologias multimédia, em geral, traz novos métodos de ensino no sistema de ensino secundário geral, o que não pode deixar de afetar a melhoria da qualidade da formação dos estudantes, dos licenciados e dos professores.

Conclusão

O manual metodológico é composto por 5 secções e está orientado para a preparação dos professores para uma utilização razoável e eficaz das ferramentas e tecnologias multimédia no ensino à distância de professores, estudantes e alunos de graduação.

A Lei da Educação da República do Cazaquistão 2007 afirma que "Tendo em conta a experiência acumulada no domínio da aprendizagem eletrónica e do ensino à distância, foram definidas as orientações básicas do programa de longo prazo de desenvolvimento da educação até 2020 em termos de informatização da educação. Este programa estipula que, até 2020, o sistema educativo do Cazaquistão funcionará como parte de um espaço mundial unificado de informação e educação. Neste caso, será assegurada a tecnologização do processo educativo, a sua personalização com orientação para um percurso de aprendizagem individual, a abertura e a acessibilidade da educação". A informatização do ensino com base nas realizações mundiais no domínio das tecnologias da informação e da comunicação será um meio de desenvolvimento avançado e inovador do ensino no Cazaquistão. Muitas universidades da República do Cazaquistão, ao introduzirem as tecnologias da informação na gestão do processo educativo, deparam-se com a falta de software de fonte aberta adequado, bem como com o elevado custo das soluções de automatização disponíveis no mercado para as universidades. Uma das principais vantagens é a universalidade em termos de organização do processo de aprendizagem - o Moodle implementa um ambiente de aprendizagem no qual os estudantes podem interagir com os materiais de aprendizagem, com os professores e entre si. Esta é a chave da versatilidade do Moodle, permitindo que o sistema seja utilizado para uma grande variedade de actividades de aprendizagem em diferentes tipos de organizações. Por exemplo, uma das principais universidades do Cazaquistão que utiliza a tecnologia de aprendizagem eletrónica no processo educativo é a Universidade Técnica Nacional do Cazaquistão, com o nome de K.I. Satpayev. O ensino à distância é um modelo promissor de aprendizagem baseado na utilização das novas tecnologias multimédia e da Internet para melhorar a qualidade da aprendizagem, facilitando o acesso a recursos e serviços, bem como a partilha e o trabalho conjunto à distância. Todos os sistemas educativos avançados do mundo estão já orientados para o e-Learning. O e-Learning está a progredir rapidamente com o apoio da UNESCO e de outras organizações que trabalham para promover a educação e aumentar o acesso das pessoas à mesma na sociedade da informação. Além disso, a aprendizagem eletrónica é vista como um dos principais meios de aprendizagem ao longo da vida, que é parte integrante da construção e funcionamento de uma sociedade baseada no conhecimento.

Literatura

1. Desenvolvimento do Instituto de Educação à Distância, Universidade da Amizade dos Povos da Rússia, 2006; http://www.ido.rudn.ru/nfpk/ikt/; *ESTRUTURA DOS CONTEÚDOS da publicação eletrónica educativa na Internet para professores; Autores: Sergey Grigoriev; Vadim Grinshkun Valeryevich Grigoriev*

2. **UTILIZAÇÃO DE TECNOLOGIAS MULTIMÉDIA NO ENSINO MÉDIO GERAL** 20.10.2006 10:57 | N.A.Savchenko http: //www.ido .rudn.nfpk/ru/nfpk/mult/autor.html;

3. Benno A. Sobre a organização do trabalho de grupo e a escolha das tarefas a realizar. // Pedagogia e escola soviética. / Tartu, - 1972. C. 93-104.

4. Bespalko V.P. Teoria do livro didático. Aspeto didático. // M.: Pedagogia, - 1988. 160 c.

5. Bespalko V.P. Constituintes da tecnologia pedagógica. // M.: Pedagogia, - 1989. 192 c.

6. Bondarenko A.K. Educação das crianças no jogo. // M.: Prosveshchenie, - 1983. 137 c.

7. Bruner J. Psicologia da cognição. // M.: Progress, - 1977. 412 c.

8. Vekker L.M. Psikhika i Reality: Teoria Unificada dos Processos Mentais. // M.: Smysl; Per Se, - 2000. 685 c.

9. Verbitsky A.A. Aprendizagem ativa no ensino superior: abordagem contextual. // M., - 1991.

10. Volkova V.V. Design de publicidade. // M.: Universidade, - 1999.

11. Ginetsinsky V.I. Fundamentos da pedagogia teórica. // SPb.: Izd-vo SPbSU, - 1992. 154 c.

12. Grigoriev S.G., Grinshkun V.V. Informatização da educação - nova disciplina educativa. // Em Actas da XVI Conferência Internacional "Aplicação de Novas Tecnologias na Educação". Troitsk: MPE FNTO "Baytik", - 2005. C. 102-104.

13. Grigoriev S.G., Grinshkun V.V. Sobre o desenvolvimento do livro didático "Informatização da Educação". // Vestnik MGPU. Série de informática e informatização da educação. / M.: MGPU, - 2005, №1 (4), P. 24-28.

14. Grigoriev S.G., Grinshkun V.V. Livro didático - um passo no caminho para o sistema de ensino "Informatização da educação". // Na coleção de artigos científicos "Problemas do manual escolar". / Edição científica e metodológica. M.: ISMO RAO, - 2005. C. 219222.

15. Dergacheva L.M. Ativação da atividade de aprendizagem dos alunos no estudo da informática com base na utilização de jogos didácticos. // Tese do autor de Cand. de ciências paed. / M., - 2006.

16. Jaja V.P. O método de imersão temática na utilização de tecnologias multimédia

no ensino da matemática (a partir do exemplo da trigonometria). // Dissertação de Candidato de Ciências Pedagógicas. / M. - 2005. 180 c.

17. Didática do ensino secundário: alguns problemas da didática moderna. Livro didático para estudantes do FPC para directores de escolas de ensino geral e como livro didático para um curso especial para estudantes de institutos pedagógicos. // Editado por M.N. Skatkin. / M.: Prosveshchenie, - 1982.

18. Donskoy M. Internet e interface do utilizador. //Internet mundial. - 1999. № 9.

19. Informática e Educação. //M.: Educação e Informática, - 20O2, №№5,6,8,9, 2003, №2.

20. Inteligência Artificial e Psicologia // Ed. por O.K. Tikhomirov. / M.: Nauka, - 1976. 343 c.

21. Kudryashova T.G. Utilização sistemática de ferramentas de ensino multimédia: problemas e formas de os resolver. // Vestnik MGPU. Série "Informática e informatização da educação". / M.: MGPU, - 2004. № 1(2). C. 94-101.

22. Levina O.G. A interação entre o computador e o homem como um fenómeno social. // Boletim Pedagógico. M., - 1998. №2.

2 3.Ozhegov S.I., Shvedova N.Y. Dicionário Tolkovoi da língua russa: 80 000 palavras e expressões fraseológicas. // Academia Russa de Ciências. Instituto V.V. Vinogradov de Língua Russa. Vinogradov. / 4ª edição, complementada. M.: Azbukovnik, - 1999, 944 p.

24. Polat E.S. Novas tecnologias pedagógicas e de informação no sistema educativo. // M.: Centro Editorial "Academia". - 2003. 272 c.

25. Polat E.S., Buharkina M.Y., Moiseeva M.V., Petrova A.E. Novas tecnologias pedagógicas e de informação na educação: manual para estudantes de universidades pedagógicas e sistema de formação avançada de pessoal pedagógico. // M.: Centro Editorial "Academia". - 2002. 147 c.

26. Polschikova O.N. Utilização de jogos de empresas no ensino do curso escolar de informática. // Autoref. diss. kand. paed. nauk. / M., - 2005.

27. Sergeeva T. As novas tecnologias da informação e o conteúdo da formação. // Informática e Educação. M., - 1991. №1. C. 310.

28. Skatkin M.N. Sistema de aula-aula. // Enciclopédia Pedagógica Russa: Em 2 vol. / Ed. por V.V.Davydov. - Moscovo: Grande Enciclopédia Russa, Vol. 1, - 1993. C. 444.

29. Subbotin, M.M. Utilização do computador na construção de raciocínios com sentido. // Informação científica e técnica. Ser. 2. M., - 1986. №11.

30. Subbotin M.M. Novas tecnologias da informação: criação e processamento de hipertexto. // Informação científica e técnica. Ser. 2. M., - 1988. №5.

31. Subbotin M.M. Teoria e prática da escrita não linear (uma visão através do prisma da "grammatologia" de J. Derrida). // Questões de Filosofia. M., - 1993. №3. C. 36-45.

32. Shvetsky M.V. Sistema metodológico de formação fundamental de futuros professores de informática numa universidade pedagógica nas condições de ensino em duas fases. // Resumo do autor do disco. dr. de ciências pedagógicas. / Spb.: Universidade Pedagógica Estatal Russa - 1994. 36 c.

33. Shiyanov E.N., Kotova I.B. Desenvolvimento da personalidade na aprendizagem: Livro de texto para estudantes universitários. // M.: Centro Editorial "Academia", - 1999. 288 c.

34. Goldstein I.P. O Grafo Genético: Representação para a Evolução do Conhecimento Processual. // Int. G. Int. of Men-machine Studies, - 1979, No. 11, P. 51-77.

35. Grigoriev S., Grinshkun V. As tecnologias informáticas na educação como direção distinta da preparação do pessoal pedagógico. // "Tecnologias de Informação e Telecomunicações na Educação e Ciência IT&T ES'2005" Materiais da Conferência Científica Internacional. / SIIT&T Informika - Moscovo: VIZCOM, Ege Uneversity, Izmir, Turquia - 2005, P. 98101.

MIX
Papier aus verantwortungsvollen Quellen
Paper from responsible sources
FSC® C105338

Printed by Books on Demand GmbH, Norderstedt / Germany